제4차 산업혁명시대를 위한

특허이론 재구축

제4차 산업혁명시대를 위한 특허이론 재구축

신상훈

세창출판사

본서는 중앙부처 공무원 해외훈련으로 도쿄대학교(The University of Tokyo) 첨단과학기술연구센터(Research Center for Advanced Science and Technology) 지재권분야(Dept. of Intellectual Property)의 다마이 교수 연구실(Tamai Lab.)에서 연수하는 동안 작성 및 게재된 논문으로 구성된 연구서다. 본서에 소개된 연구내용이 제4차 산업혁명시대의 특허법 이론으로 특허법 교과서에 소개될 날을 기대한다.

본서는 한일의 특허법 이론 및 이들의 비교를 중심으로, 특허법상의 중요 주제라 할 수 있는 직무발명, 수치한정발명 및 간접침해에 대한 다각적 논의와 함께 이와 관련된 공헌도의 계산방식, 성립요건의 판단 기준 등을 새로운 관점에서 제안하였다. 또한 제4차 산업혁명시대를 맞이하여 인공지능(AI: artificial intelligence)에 의한 발명을 현재의 특허법 체계에서 보호하기 위한 현실적인 해결책을 제시하였다.

각 장에 대하여 간략히 설명하면, 제1장은 제4차 산업혁명시대의 발명을 주제로 물리적 공간의 발명자에 더하여 사이버 공간의 발명자로서 AI를 도입하였다. 제2장에서는 특허에 비하여 그 활용이 미미해진 실용신안의 새로운 체계를 제안하고자 하였다. 제3장은 비슷하면서도 서로 다른 한일 간의 직무발명에 대하여, 양국의 공통된 규정으로부터 논의를 시작하여 그 차이점을 비교·검토하였다. 제4장은 간접침해의 대상 확대에 관한 것으로, 새롭게 도입되는 중성물 기여침해에 대한 판단 기준을 제안하였다. 마지막으로 제5장에서는 특허발명이 수치한 정발명인 경우, 선사용권의 성립요건에 변경이 필요한지 기존의 판례 및 이론과 비교·분석하였다.

본서의 발간에 앞서 각 장의 주제에 관하여 논문 투고 시, 내용에 대한 조언 및 일본어 교정을 맡아 주신 도쿄대학교의 마스다 사치코(Masuda Sachiko) 교수님께 감사드립니다. 또한 각 장의 주제에 관하여 연구실 세미나에서 귀중한 코멘트를 해 주신 다마이 가쓰야(Tamai Katsuya) 교수님을 비롯한 연구실의 박사과정 학생들에게도 감사하다는 말씀을 전합니다.

그리고 도쿄에서의 연수에 많은 도움을 주신 주일본 대한민국 대사관의 김준경 특허관님, 김창호 서기관님, 해외훈련 동기인 환경부의 박성수 주무관님, 이토 특허법률사무소의 유광희 변리사님, 도쿄대 법대로 연수 오신 법무법인 세종의 고준성 변호사님, 동경대 법대 박사과정의 고일훈 변호사님 감사합니다.

끝으로 항상 응원해 주는 가족에게 감사의 마음을 전합니다.

파티션으로 가득한 특허청의 사무실에서

2020년 7월

저　자

차 례

초출일람

제1장. 第4次産業革命時代の発明(Invention in the era of the Fourth Industrial Revolution), パテント, Vol.72 No.6(2019), 86-90면.

제2장. 実用新案制度の新たな枠組みの検討—特許権との差別化に関する考察(Study of a new Framework for the Utility Model Act—Consideration of Differentiation from Patent Right), パテント, Vol.73 No.5(2020), 80-87면.

제3장. 職務発明をめぐる二つの視点—職務発明規定の日韓比較(Perspectives on the employee invention system—Comparison of the employee invention provisions between Japan and Korea), AIPPI, Vol.64, No.10(2019), 19-28면.

제4장. 특허간접침해 개정안에 대한 고찰—중성물 기여침해의 판단 기준에 관하여(A Study on Revised Bill of Patent Indirect Infringement Provisions—Regarding determination criteria on contributory infringement by a non-staple product), 지식재산연구 14권 3호(2019), 43-70면.

제5장. 수치한정발명에 대한 선사용권의 성립요건 고찰—일본지적재산고등법원의 판결을 중심으로(A Study on Requirements for Establishment of Prior User Right for a Numerical Limitation Invention—Based on an Appeal Decision ruled by the Intellectual Property High Court of Japan), 지식재산연구 15권 2호(2020), 49-74면.

제1장

———

제4차 산업혁명시대의 발명

인공지능(AI)에 의한 발명이 등장하는 제4차 산업혁명시대를 맞아 발명의 정의 규정을 재평가하였다. 현재 발명의 정의와 관련하여 우리나라와 일본의 특허법에서 정의된 발명은 동일하지만 프로그램에 관해서는 일부 차이가 있다.

이 장에서는 발명의 정의 규정을 물리적 공간에서 사이버 공간까지 확대해 고찰하였다. AI가 물리적 공간에 있는 발명자로부터 지시·감독·명령 등을 받는 경우, 발명의 정의는 변하지 않으나 AI 자체에 의한 발명은 현행의 발명의 정의로는 충분히 보호되지 않는다. 하나의 현실적인 해결책으로서 AI에 의한 발명의 경우, 이용된 AI의 정보를 특허출원 시에 제출하여 발명의 완성을 담보한다. 또한 AI를 이용한 사실을 명세서 기재요건으로 하고, 해당 AI를 특정하기 위한 기재방식을 신설할 것을 제안한다.

I

서 론

'제4차 산업혁명'이란 인공 지능(AI: Artificial Intelligence), 사물 인터넷 (IoT: Internet of Things), 빅 데이터(Big Data), 모바일 기기 등 첨단 정보 통신기술이 경제·사회 전반에 융합되어 혁신적인 변화가 나타나는 차세대 산업혁명으로 2016년 세계 경제 포럼(WEF: World Economic Forum) 에서 언급된 이후, 정보 통신 기술(ICT: Information and Communication Technology) 기반의 새로운 산업 시대를 대표하인공지능는 용어가 되었다. 제4차 산업혁명은 그 속도, 넓이와 깊이 및 시스템 영향 면에서 기존의 산업혁명과 구별된다고 할 수 있다.[1]

미국 MIT 니콜라스 네그로폰테(Nicholas Negroponte) 교수는 "온 세상이 인터넷 안에 들어간 초연결 사회(hyper-connected society)"를 주장한 바 있다.[2] 이러한 초연결 사회는 다시 말해 현실 세상과 사이버

---

1   동아대학교 산학협력단, "4차산업혁명이 중소기업에 미치는 영향 및 개선과제", 중소기업청 연구보고서, 2016.12, 13면.

세상이 연결되는 세상이다. 또한 온 라인과 오프 라인의 경계를 허물며, 사람-사물, 사물-사물 간의 대화는 현실 세상의 정보를 사이버 세상의 정보로 변환하게 할 것이며, 이들은 클라우드 시스템 안에서 이른바 빅 데이터로 저장될 것이다. 여기에 저장된 빅 데이터는 AI가 분석하게 됨으로써 비로소 현실 세상의 구현이 사이버 세상을 통해 이루어지며, 현실 세상과 사이버 세상은 실질적으로 동등하게 된다. 이와 같이 온 라인에서의 AI, 빅 데이터 및 클라우드 기술이 하나가 되어 현실 세상과 같은 느낌을 나타내는 것이 제4차 산업혁명이 나타내는 세상이라 할 수 있다.[3]

한편, 일본 정부는 Society 5.0을 사이버 공간(가상 공간)과 물리적 공간(현실 공간)을 고도로 융합시킨 시스템에 의한 경제 발전과 사회적 과제의 해결을 만족하는 인간 중심의 사회(Society)로 정의하였다.[4] 이는 수렵사회(Society 1.0), 농경사회(Society 2.0), 공업사회(Society 3.0), 정보사회(Society 4.0)의 연장선상의 새로운 사회를 Society 5.0으로 칭하고 있다. 결국 위에서 언급한 제4차 산업혁명 사회와 같은 정의라고 할 수 있다.

이 장에서는 물리적 공간과 사이버 공간이 융합되는 제4차 산업혁명시대에서의 발명을 유형화하여, 현재의 특허법에서의 정의 규정으로 커버가 가능한지 검토한다.

2　채진석, "사물인터넷의 빛과 그림자", 『지식의 지평』, Vol.18(2015), 159면.
3　JTBC, "차이나는 클라스", 2017.7.12자.
4　일본 내각부 홈페이지. 〈http://www8.cao.go.jp/cstp/society5_0/index.html〉

발명의 정의

　"발명이란 자연법칙을 이용한 기술적 사상의 창작으로서 고도(高度)한 것을 말한다."로 정의되어 있으며, 우리나라와 일본 특허법에서 제2조의 정의로 동일하게 규정되어 있다. 이는 독일의 학자 콜러(Kohler)의 주장을 일본은 1959년(소화34년) 특허법 개정 시 특허의 정의로 규정하였다.[5] 한편, 이보다 늦게 우리나라는 1963년 특허법 개정 시 발명의 개념으로 도입되었으며, 이에 대하여 일본의 규정을 무비판적으로 참고한 것은 아닌지에 관한 비판도 있다.[6]

　발명의 정의를 요건별로 살펴보면, (1) 자연법칙을 이용했는지 (2) 기술적 사상인지 (3) 창작된 것인지 (4) 고도한 것인지를 판단하게 된

5　中山信弘(編),『注解特許法上卷』, 靑林書院新社, 1983, 23면.
6　윤선희, "발명에 관한 고찰",『산업재산권』, No.12(2002.11), 7면.

다. 또한 특허발명은 특허를 받은 발명을 말하며, 특허법 제29조 등의 특허 요건 등을 갖춘 경우에 해당하게 된다.

한편, 심사 실무에서는 (1)~(3)을 위반한 경우는 양국이 동일하게 특허법에서 제29조의 본문에 규정된 이른바 산업상 이용가능성 위반을 이유로 특허발명이 될 수 없으며, (4)를 위반한 경우는 통상적으로 진보성 거절이유를 통지하게 된다.[7][8] 한편, 발명의 종류와 관련하여 물건의 발명과 방법의 발명이 있으며, 일본 특허법에서는 프로그램을 물건의 발명으로 정의하고 있다.[9][10]

---

7 특허청, "특허 · 실용신안 심사지침서", 제3부 특허요건 제1장 산업상 이용가능성, 2018.8.1.

8 日本国特許庁, "特許 · 実用新案審査基準", 第III部第1章発明該当性及び産業上の利用可能性, 2015.9.

9 특허법 제2조
제2조(정의) 이 법에서 사용하는 용어의 뜻은 다음과 같다.
1. "발명"이란 자연법칙을 이용한 기술적 사상의 창작으로서 고도(高度)한 것을 말한다.
2. "특허발명"이란 특허를 받은 발명을 말한다.
3. "실시"란 다음 각 목의 구분에 따른 행위를 말한다.
　가. 물건의 발명인 경우: 그 물건을 생산 · 사용 · 양도 · 대여 또는 수입하거나 그 물건의 양도 또는 대여의 청약(양도 또는 대여를 위한 전시를 포함한다. 이하 같다)을 하는 행위
　나. 방법의 발명인 경우: 그 방법을 사용하는 행위
　다. 물건을 생산하는 방법의 발명인 경우: 나목의 행위 외에 그 방법에 의하여 생산한 물건을 사용 · 양도 · 대여 또는 수입하거나 그 물건의 양도 또는 대여의 청약을 하는 행위

10 日本の特許法の第二条
この法律で「発明」とは, 自然法則を利用した技術的思想の創作のうち高度のものをいう。
2 この法律で「特許発明」とは, 特許を受けている発明をいう。

1 자연법칙의 이용

자연법칙 그 자체인 것, 영구기관, 수학 공식 등은 자연법칙을 이용한 것에 해당하지 않는다. 자연법칙의 이용과 관련하여 특히 문제가 되는 발명은 프로그램 관련 발명(또는 소프트웨어 발명)을 들 수 있다. 이에 대하여, 심사실무상 프로그램 자체는 인정되지 않으며, 하드웨어와 연동되는 프로그램에 한하여 자연법칙을 이용하는 것으로 해석하고 있다.[11][12]

한편, BM(Business Model) 발명 등과 관하여 발명 전체로서 자연법칙을 이용한 경우는 자연법칙을 이용한 것으로 해석하여, 자연법칙의 이용과 관련된 해석을 유연하게 하여 발명의 대상을 넓혀 온 것으로 사료된다.[13]

---

3 この法律で発明について「実施」とは, 次に掲げる行為をいう。
一 物（プログラム等を含む。以下同じ。）の発明にあつては, その物の生産, 使用, 譲渡等（譲渡及び貸渡しをいい, その物がプログラム等である場合には, 電気通信回線を通じた提供を含む。以下同じ。）, 輸出若しくは輸入又は譲渡等の申出（譲渡等のための展示を含む。以下同じ。）をする行為
二 方法の発明にあつては, その方法の使用をする行為
三 物を生産する方法の発明にあつては, 前号に掲げるもののほか, その方法により生産した物の使用, 譲渡等, 輸出若しくは輸入又は譲渡等の申出をする行為
4 この法律で「プログラム等」とは, プログラム（電子計算機に対する指令であつて, 一の結果を得ることができるように組み合わされたものをいう。以下この項において同じ。）その他電子計算機による処理の用に供する情報であつてプログラムに準ずるものをいう。

11 앞의 글(주 7).
12 앞의 글(주 8).

2 기술적 사상

일정한 목적을 달성하기 위한 구체적 수단으로서의 '기술'과 추상적이며 개념적인 '사상'이 결합된 것으로, 이는 기능 및 기예와 구별된다. 또한 현재의 기술뿐만 아니라 장차 실현 가능한 경우를 포함하게 된다. 그 결과 구체성을 갖는 물건뿐만 아니라 물질, 방법, 용도 등도 포함된다.[14]

3 창작성

창작한 것을 그 요건으로 하므로, 단순한 발견과 차이가 있다. 한편, 미국의 특허법에서는 '발명'을 '발명 또는 발견'으로 정의하고 있으므로, 그 대상을 보다 넓게 보호하고 있다.[15]

4 고도성

그 수준이 일정 수준 이상인 것을 의미하나, 통상 실용신안의 고안

---

13 中山信弘, 『特許法』, 第三版, 弘文堂, 2016, 104면.
14 임병웅, 『이지 특허법』, 제17판, 한빛지적소유권센터, 2018, 32-33면.
15 미국 특허상표청 웹사이트.
⟨https://www.uspto.gov/patent/laws-regulations-policies-procedures-guidance-and-training⟩

과 구분을 위한 것으로 해석된다. 고도성은 발명자의 주관적 판단에 해당하므로 발명의 성립요건 판단 시에는 판단하지 않으나, 실무적으로 고도하지 않은 발명에 대하여 심사관은 상기에 기재한 바와 같이 진보성을 통지하게 된다.[16]

16　高林龍, 『標準特許法』, 第6版, 有斐閣, 2017, 42면.

Ⅲ

제4차 산업혁명시대의 발명

1 물리적 공간과 사이버 공간에서의 발명

앞에 설명한 발명의 개념은 물리적 공간 즉, 현실 세계에서의 발명으로 발명자가 발명을 한 것으로 해석된다. 한편, 제4차 산업혁명시대는 물리적 공간과 사이버 공간의 융합 또는 일체화가 일어나게 되므로, 물리적 공간에 사이버 공간을 추가하여 발명을 고려할 수 있다 (도면1 참조). 한편, 사이버 공간은 서로 다른 복수개가 존재할 수 있다.

(1) 물리적 공간에서 발명자가 수행한 통상의 발명은 상기에서 설명한 발명의 정의 규정에 해당한다.

(2) 물리적 공간에서 발명자가 수행한 발명이 사이버 공간에서 수행되는 발명―예를 들면 BM 발명과 같이, 현실 세계의 발명자가 발명한 BM 발명이 사이버 공간에서 수행되는 것을 고려할 수 있다.

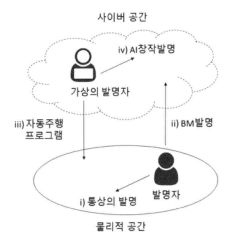

(3) 사이버 공간에서 발명되어 물리적 공간에서 수행되는 발명—대표적인 예가 빅 데이터를 AI가 분석하여 발명한 자율주행관련 프로그램 발명 등이다. AI 생성물 또는 AI 창작물에 해당한다(후술하겠으나, 인간의 지시, 감독, 명령 등이 있는 경우는 AI의 생성물이며 그렇지 않은 경우는 AI 창작물이 된다).[17][18]

(4) 사이버 공간에서 발명되어 사이버 공간에서 수행되는 발명—AI가 수행한 발명으로 사이버 공간에서 수행되는 발명으로 AI 생성물 또는 AI 창작물에 해당한다.

---

17 윤선희, 이승훈, "4차 산업혁명에 대응한 지적재산권 제도의 활용—'인공지능 창작물 보호제도'를 중심으로", 『산업재산권』, No.52(2017.4), 181면.

18 重富貴光, "AI生成物と知的財産権", 『Law & Technology 別冊, 知的財産紛争の最前線 No.3』, 民事法研究會, 2017, 93면.

2 사이버 공간에서의 발명자

III.1.에서 언급한 (1)과 (2)의 발명은 현재의 특허법에서 인정되는 통상의 발명으로 여기에서의 발명자는 물리적 공간에서 발명을 완성한 자연인 발명자로 해석된다. 이에 비하여 (3)과 (4)의 발명은 AI를 가상의 발명자로 가정한 것이다. 우리나라와 일본의 특허법 모두 발명의 정의(제2조)에서 발명자에 관한 규정은 없으나, 제29조의 특허요건에서 발명자가 규정되어 있다. 이에 대하여, 발명은 법률행위가 아닌 사실행위이므로 자연인인 발명자가 한 것이라는 견해가 있다.[19] [20] 이러한 발명자에 관한 견해는 이제까지 물리적 공간에서의 발명, 즉 (1)과 (2)의 발명에서 통용되는 개념이나 (3)과 (4)의 경우는 현재의 발명 개념에서는 발명이 되지 않는다.

3 도구로서의 AI

가상의 발명자로 가정된 사이버 세상의 AI는 자연인이 아니므로, AI에 의한 발명은 현행 특허법에서는 발명에 해당하지 않는다. 현행법에서 발명자는 물리적 공간에 있는 발명자만 해당하므로, (3) 및 (4)에서 가상의 발명자로 가정된 AI는 물리적 공간에 있는 발명자의 지시, 감독, 명령에 의해 도구로서 해당 발명을 완성한 경우에는 발명으로 가

---

19   임병웅, 앞의 책(주 14), 248면.
20   저작권법에서도 인간에 의한 창조 규정이 있으나, 상표법에는 이러한 규정이 없으므로, 상표법에서는 가능할 수 있다는 견해도 있다. 윤선희, 이승훈, 앞의 글(주 17), 170면.

능할 것으로 사료된다(도면2).

　AI를 이용하여 발명을 완성하는 것은 자연인인 인간에 의한 것이 아니며, 발명의 규정을 확대하여 해석한 것으로, 예를 들면, 미생물관련 발명에서 미생물을 기탁하는 것과 마찬가지로, AI를 특정함으로써 발명의 완성을 담보하기 위한 조치가 필요하다. 그러므로 AI를 이용하여 발명을 완성한 경우, 이용한 AI의 상품명, 명령 프로그램 및 소스 코드 등 이용한 AI의 정보를 특허출원 시, 출원서류와 함께 제출하는 것으로 한다. 또한 특허명세서에는 발명의 완성에 관하여 AI에 의한 조력이 있었다는 사실을 발명의 상세한 설명에 기재하도록 하며, 그렇지 않은 경우, 발명의 상세한 설명의 기재 불비 또는 뒷받침 요건의 불비로서 특허 거절이유 및 무효사유가 되도록 한다.

도면2

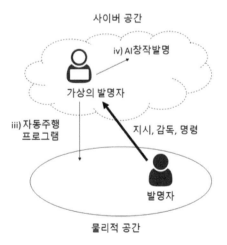

4 **AI가 발명한 것을 사람이 출원할 경우**

AI가 스스로 발명한 것 중에서 사람이 마치 자신이 발명한 것처럼 특허를 출원하는 경우, 해당 발명이 자연인에 의한 발명인지 아니면 AI에 의해 발명된 것인지 사실상 구별하기는 힘들 것으로 사료된다. 그러나 자연인이 특허로서 출원하겠다는 발명은 해당 산업 영역에서 중요한 의미를 갖는 발명으로 사료되며, 이를 출원하여 보호를 받겠다는 것 또한 특허법의 목적에 부합하는 것으로 볼 수 있다.[21]

이렇듯 AI에 의한 발명 중에 산업적으로 의미가 있는 발명을 선별하는 것은 일종의 발견으로 간주되며, 선택발명 또는 용도발명과 같이 발견적 요소가 있는 발명과 닮아 있다. 원시적 발명은 AI에 의한 AI 창작물에 불과하나 이에 대한 가치를 발견하여 발명의 요소를 찾은 인간에 의해 비로소 발명이 완성된 것으로 볼 수 있다. 한편, 직무발명의 권리 승계와 같은 개념을 생각한다면, AI의 이용자가 해당 권리를 승계한 것으로 해석될 수도 있다.[22]

이상과 같이 AI의 발명을 자신의 발명으로 주장하는 경우, 이용된 AI의 상품명, 명령 프로그램 및 소스 코드 등 이용한 AI의 정보를 특허

---

21 重富貴光, 앞의 글(주 18), 98면.
22 김승래, "AI시대의 지식재산권 보호전략과 대책", 『지식재산연구』, Vol.12 No.2 (2017.6), 169면.

출원 시, 출원서류와 함께 제출하도록 한다. 또한 특허명세서에는 AI 에 의한 발명완성 사실을 발명의 상세한 설명에 기재하도록 하며, 그렇지 않은 경우, 발명의 상세한 설명의 기재 불비 또는 뒷받침 요건의 불비로 특허의 거절이유 및 무효사유가 되도록 한다.

한편, AI의 창작물은 인간의 존엄을 훼손하게 되므로 제재가 필요하며, 별도의 보호제도를 신설하자는 제안도 있다.[23] 그러나 인간의 사상과 감정을 표현하는 저작권과 달리, 발명 및 특허에서 인간의 존엄이 그리 훼손될 가능성은 작고, 기술의 발전에 따라 100% 인간의 능력으로만 발명을 완성할 수도 없으므로, 현재의 제도를 보완 및 유지하는 편이 바람직한 것으로 사료된다.

---

23   윤선희, 이승훈, 앞의 글(주 17), 179면.

프로그램에 관한 한일 특허법의 규정

1 물건으로서의 프로그램 vs 방법으로서의 프로그램

Ⅱ.에서 언급한 바와 같이, 프로그램에 관한 특허법상의 정의 규정이 우리나라와 일본이 서로 다르게 되어 있다. 우리나라는 기본적으로 프로그램(소프트웨어) 관련 발명은 방법 발명으로 보며, 이를 저장한 저장매체로 청구항을 기재한 경우에만 적법한 청구항으로 인정하고 있다.[24] 이에 반해 일본의 경우, 프로그램을 물건 발명으로 인정하고 있으며, 다운로드(전송)를 발명의 실시 가운데 하나로 규정하고 있다. 그러므로 프로그램을 물건으로 인정하는 일본 특허법상 빅 데이터로부터 제작된 프로그램 또한 물건으로 인정될 수 있을 것으로 사료된다.

---

24 특허청,『특허·실용신안 심사지침서』, 2108.8.1, 제9부 기술분야별 심사기준 제10장 컴퓨터 관련 발명.

예를 들어, 자율 주행 자동차에 이용되는 자율 주행 프로그램의 경우, 일본 특허법에서는 그 자체로 물건의 보호를 받을 수 있으나, 우리나라에서는 자동차 등 기타 물건과 결합하여 구현되는 경우 이외, 다시 말해, 프로그램이 자동차, 내비게이터(navigator) 등과 분리된 상태로의 상거래는 불리할 것으로 예상된다. 또한 일본 특허법에서는 프로그램을 물건으로 정의하고 다운로드(전송)를 실시로 간주하므로, 빅데이터로부터 생성된 자율 주행 프로그램의 다운로드만으로도 침해를 형성하게 되나, 우리나라의 경우, 방법 발명으로 인정되므로, 자동차 등의 물건과 결합되어 실시되는 경우에만 침해를 형성하게 된다.

2 프로그램 특허권의 소진과 관련하여

예를 들어, 3D 프린터로 물건을 제작할 때 필요한 물건 제작 프로그램을 전송받았다면 전송받은 프로그램의 특허권은 언제 소진되는 것인가? 3D 프린터용 물건 제작 프로그램을 판매자(또는 제조자)로부터 전송받아 자신의 3D 프린터를 이용하여 물건을 제조하는 경우, 일본 특허법에서는 프로그램을 물건으로 간주하므로 해당 프로그램을 다운로드 받은 때, 해당 프로그램의 특허권의 권리가 소진된다고 볼 수 있다.

이에 비해, 우리나라의 특허법에서는 프로그램을 방법 발명에 해당하므로, 해당 권리가 언제 소진되는 것인지에 대하여 논의가 있을 것으로 사료된다.[25] 생각해 보건대 방법 발명으로 취급될 경우, 해당 프로그램을 다운로드 받고 그 물건을 제조한 때에 해당 프로그램의 권리가 소진된다고 볼 수 있을 것이다.

---

25 임병웅, 앞의 책(주 14), 741-746면.

결 론

제4차 산업혁명시대를 맞이하여 발명에 관한 규정을 다시 생각해 보았다. 현재의 발명에 관한 규정인 "자연법칙을 이용한 기술적 사상의 창작으로서 고도한 것"을 유지할 경우, 인간의 지시, 감독 등이 있는 AI 생성물에 대해서는 현재의 정의 발명 규정으로 커버가 가능할 것으로 사료된다. 그러나 AI가 스스로 창작한 AI 창작물의 경우, 현재의 발명 규정으로는 충분히 보호되지 못할 가능성이 있다.

하나의 해결책으로서, AI가 이용된 발명의 경우, 이용된 AI의 정보를 특허출원 시에 제출하게 하여, 발명의 완성을 담보해야 한다. AI를 이용한 사실을 명세서 기재요건으로 하며, 또한 해당 AI를 특정하기 위한 기재방식을 신설하는 것을 현실적인 대안으로 제안한다.

〈단행본〉

임병웅, 『이지 특허법』, 제17판, 한빛지적소유권센터, 2018.
中山信弘(編), 『注解特許法上卷』, 青林書院新社, 1983.
中山信弘, 『特許法』, 第三版, 弘文堂, 2016.
高林龍, 『標準特許法』, 第6版, 有斐閣, 2017.

〈학술지〉

김승래, "AI시대의 지식재산권 보호전략과 대책", 『지식재산연구』, Vol.12 No.2, (2017.6).
윤선희, "발명에 관한 고찰", 『산업재산권』, No.12(2002.11).
윤선희, 이승훈, "4차 산업혁명에 대응한 지적재산권 제도의 활용—'인공지능 창작물 보호제도'를 중심으로", 『산업재산권』, No.52(2017.4).
채진석, "사물인터넷의 빛과 그림자", 『지식의 지평』, Vol.18(2015).
重富貴光, "AI生成物と知的財産権", 『Law & Technology 別冊, 知的財産紛争の最前線 No.3』, (2017).

〈인터넷 자료〉

일본 내각부 홈페이지
　〈http://www8.cao.go.jp/cstp/society5_0/index.html〉
미국 특허상표청 웹사이트
　〈https://www.uspto.gov/patent/laws-regulations-policies-procedures-guidance-and-training〉

〈연구보고서〉

동아대학교 산학협력단, "4차산업혁명이 중소기업에 미치는 영향 및 개선과제", 중소기업청 연구보고서, 2016.12.

〈기타 자료〉

JTBC, "차이나는 클라스", 2017.7.12자
특허청, "특허 · 실용신안 심사지침서", 2018.8.1.
일본특허청, "특허 · 실용신안 심사실무", 2015.9.
日本国特許庁, "特許 · 実用新案審査基準", 2015.9.

제2장

———

실용신안제도의 새로운 체계의 검토
— 특허권과의 차별화에 관한 고찰

보호 대상에 대해서는 동일한 규정을 가지고 있지만, 그 운용이 다른 한일 간의 실용신안을 검토하였다. 현재 양국의 실용신안 출원건수는 현저하게 줄어 그 활용은 미약하게 되어 왔다. 이는 실용신안제도의 목적 및 그에 따른 효용이 이전보다 대폭 감소한 결과일 것이다. 실용신안제도가 유효한 제도로서 활용되기 위해서는 권리 부여와 그 효력에 있어서 특허와의 차별화가 필요하다.

실용신안의 새로운 자리매김을 위해서는, 불실시의 경우 금지청구권을 인정하는 규정은 폐지하고, 또 장기간에 걸쳐 실시되지 않는 실용신안에 대해 재정청구 대신 불실시 취소심판을 신설해야 할 것이다. 한편, 보다 적극적인 실용신안의 유인으로서 연차료의 가산금 또는 연차료 자체의 폐지도 고려해야 한다.

서 론

실용실안제도는 이른바 '소발명' 보호를 목적으로 1980년대까지 우리나라와 일본의 산업 발달에 많은 기여를 해 왔다. 일본은 1981년도에 특허출원 건수가 실용신안 출원건수를 넘어서게 되었으며, 우리나라에서는 1989년도에 같은 현상이 나타났다.[26][27]

특허출원수가 실용신안출원수를 초과하는 선진국형 출원을 계기로,[28] 증가하는 특허출원 및 특허심사에 심사역량을 집중하기 위하여,

---

26 櫻井孝, "制度創設期の我が国の実用新案制度について", 『特許研究』, No. 58(2014), 66면.

27 특허청, 지식재산통계서비스, 연도별 출원참고
⟨http://ipstat.kipi.or.kr/sta/selectStatisticContentsList.do?statID=10001&type=1&sumYN=N⟩

28 津田淳, "実用新案と特許の境界", 湯浅・原法律特許事務所(編), 知的所有権の保護─その実務傾向, 発明協会, 1987, 73면.

일본은 1993년도에 기초적 요건만을 심사하는 이른바 무심사제도가 도입되었으며(평성5년 법률 제26호), 우리나라는 이보다 늦은 1999년도에 도입된 바가 있다(법률 제5577호). 무심사제도의 도입과 관련하여, 일본에서는 실용신안제도의 개정으로 한층 불편해졌으며, 이용하기 어렵게 되었다는 의견[29] 및 제도 폐지 전의 과도기적 운용에 불과하다는 의견 등이 있었다.[30]

한편 우리나라의 경우, 제도 시행 전부터 실체심사를 동반하지 않는 것에 의한 권리의 불안정성 및 심판, 소송의 증가 등을 이유로 반대가 있었다.[31][32] 일본은 무심사제도 도입 이후, 제도상의 불편 사항을 개정하는 법개정(평성16년 법률 제79호)이 있었던 것에 비하여, 우리나라는 2006년 다시 심사제도로 전환하였으며(법률 제7872호), 오늘에 이르고 있다.

표1 및 표2는 양국의 특허 및 실용신안의 최근 10년간의 출원 동향을 보여 준다. 이들 표에서 보듯이 현재 양국의 실용신안은 심사·무심사제도에 관계없이, 크게 감소된 상태로 지속되고 있다. 또한 최근 10년간 특허에서 실용신안으로(또는 실용신안에서 특허로) 각각 출원의

---

29 鈴木利之, "実用新案制度の現状と課題", 青山紘一(編), 知財20講―知的財産の創造・保護・活用等の現状と課題, 経済産業調査会, 2004, 73면.

30 田村善之, 『知的財産法』, 第5版, 有斐閣, 2010, 359면.

31 정광선, "실용신안 무심사등록제도 도입의 문제점", 『산업재산권』, Vol.6(1997), 179-186면.

32 윤선희, "우리나라에서의 실용신안무심사제도 도입의 문제점", 『비교사법』, Vol.4 No.2(1997), 524-530면.

변경 건수는 양국 모두 수백 건 미만으로 미미한 정도이다.[33]

이 장에서는 이러한 실용실안의 현 위치를 파악함을 바탕으로 해서, 제4차 산업혁명시대에도 실용신안이 매력적인 제도로 존속 가능한 방책을 고찰하고자 한다.

표1 한국의 특허, 실용신안 출원

연 도	특허(A)	실용신안 (B)	실용신안 심사청구 (C)	B/(A+B) (%)	C/B(%)
2009	163,523	17,144	15,518	9.5	90.5
2010	170,101	13,661	12,899	7.4	94.4
2011	178,924	11,854	10,617	6.2	89.6
2012	188,915	12,424	10,046	6.2	80.9
2013	204,589	10,968	9,341	5.1	85.2
2014	210,292	9,184	8,446	4.2	92.0
2015	213,694	8,711	7,926	3.9	91.0
2016	208,830	7,767	6,931	3.6	89.2
2017	204,775	6,809	6,036	3.2	88.6
2018	209,992	6,232	5,622	2.9	90.2
평 균	195,364	10,475	9,338	5.2	89.2

---

33 최근 10년간(2009년~2018년)의 양국의 출원 변경에 관한 평균 건수. 우리나라의 경우, 실용신안에서 특허로의 출원을 변경한 건수는 85건이며, 특허에서 실용신안으로 출원을 변경한 건수는 207건이다(특허청, 지식재산통계 서비스 요청자료). 한편 일본의 경우, 실용신안에서 특허로의 출원의 변경은 104건이며, 특허에서 실용신안으로의 출원의 변경은 361건이다(日本国特許庁, 特許行政年次報告書 2019年版, 38-39면).

표2 일본의 특허, 실용신안 출원

연 도	특허(A)	실용신안 (B)	실용신안 기술평가 작성건 (C)	B/(A+B) (%)	C/B(%)
2009	348,429	9,507	718	2.7	7.6
2010	344,397	8,679	717	2.5	8.3
2011	342,312	7,984	597	2.3	7.5
2012	342,589	8,112	568	2.3	7.0
2013	328,138	7,622	552	2.3	7.2
2014	325,688	7,095	491	2.1	6.9
2015	318,345	6,860	451	2.1	6.6
2016	317,922	6,480	414	2.0	6.4
2017	318,030	6,106	364	1.9	6.0
2018	313,028	5,388	336	1.7	6.2
평 균	329,888	7,383	521	2.2	7.0

한일 양국의 실용신안제도의 운용현황

현재 실용신안제도는 일본의 경우, 무심사제도로서 운용되고 있으며, 우리나라의 경우, 심사제도로 운용되고 있다. 위의 표1 및 표2에서 알 수 있듯이, 2018년도 양국의 실용신안의 출원건수는 양국 모두 약 6,000건이다. 한편, 최근 10년간 양국의 실용신안의 평균 점유율은 세계 각국의 실용신안출원 평균(2~6%)에 속하지만,[34] 출원건수는 점차 감소하는 경향이다.

일본에서는 무심사제도의 의의는 "권리의 병존을 인정하여, 실용신안권을 특허권 부여까지의 '연결고리'로서 사용하는 것을 인정하지 않는 것은 무심사주의라는 새로운 제도의 이점을 대폭적으로 말살하는 것이 된다."라고 하며,[35] "현대사회의 짧은 라이프 사이클 상품에 대

---

[34] 穗積忠, "実用新案制度の意義と有用性", 『特許研究』, No.36(2003), 30면.

응하기 위해서 1993년(평성5년)의 개정법에 의해 무심사주의를 채택하였다."라고 주장한다.[36] 그러나 오늘날은 특허도 우선심사가 가능하며, 각종의 감면제도의 이용이 가능하므로, 실용신안의 장점으로 여겨진 권리보호의 조기화 및 비용경감의 매력은 크게 감소하였다.[37] [38]

또한 무심사제도에 의한 권리행사가 어렵고 조기권리화의 의미도 희미해졌다. 더욱이 "이러한 장점이 사실이라면, 실용신안의 출원건수가 1만 건에도 미치지 못하는 지경까지 감소하지 않았을 것이다."라는 의견도 있다.[39] 한편, 실용신안의 출원건수가 감소하는 경향은 무심사제도만의 문제가 아니라, 심사제도로서 운영되고 있는 우리나라에서도 실용신안의 출원수가 날로 감소하고 있다. 이는 실용신안제도의 운용의 문제가 아니라, 실용신안의 출원인(또는 권리자)에 있어서의 장점이 이전과 같지 않은 것을 나타낸다.[40] [41]

---

35 玉井克哉, "無審査特許としての再生か緩慢な死か－わが実用新案法の改正論議に寄せて", 『ジュリスト』, No.1007(1992), 64면.

36 角田正芳, 辰巳直彦, 『知的財産法』, 第8版, 有斐閣アルマ, 2017, 196면.

37 日本国特許庁, 新減免制度について.
    〈https://www.jpo.go.jp/system/process/tesuryo/genmen/genmen20190401/index.html#3-4〉

38 특허청 수수료정보안내
    〈http://www.patent.go.kr/jsp/ka/menu/fee/main/FeeMain01.jsp〉

39 鈴木利之, 앞의 글(주 29), 90면.

40 清水将博, 服部博信, 戸次一夫, 政孝浩, 石井正, "実用新案制度の活用に関する一考察", 『tokugikon』, No.268(2013), 85면.

41 特許第1委員会 第5小委員会, "実用新案制度の再考－平成5年法改正以後－", 『知財管理』Vol.63 No.1(2013), 50면.

위의 표1 및 표2로부터 알 수 있듯이, 무심사제도인 일본의 경우, 실용신안의 권리행사를 위한 기술평가 신청은 전체의 7.0%에 불과하며, 나머지 대부분은 방어출원으로 사료된다. 이에 비하여, 심사제도인 우리나라의 경우, 출원과 동시에 심사청구를 하면 우선심사가 되는 영향도 있으나,[42] 약 90%의 출원이 심사를 청구하며, 그 비율은 동 기간의 특허의 심사청구(82.8%)에 비해 높다.[43]

한편, 현재와 같은 실용신안의 운용에 대하여, "다른 출원 및 신청으로 눈을 돌리면, 종묘법의 품종등록출원이 약 1,000건, 반도체회로배치 이용등록의 신청이 수 건 정도이므로, 이에 비하면 실용신안은 많은 수의 출원이 매년 되고 있다."라는 의견도 있지만,[44] 현재와 같은 경향이 계속된다면 제도운용을 재검토해야 할 것이다.

---

42 특허청, "특허·실용신안심사기준", 2019.3.19, 7460면.
43 특허청 지식재산통계서비스, 연도별 심사청구 및 심사처리
⟨http://ipstat.kipi.or.kr/cmm/main/mainPage.do;jsessionid=1F2ABF32EF0FE65977D B01CCB371540D⟩
44 清水将博 외 4인, 앞의 글(주 40), 80면.

실용신안을 둘러싼 양국의 논의

1 보호대상으로서의 고안과 발명

실용신안법은 고안을 보호 대상으로 한다. "고안이란 자연법칙을 이용한 기술적 사상의 창작을 말한다."로 정의되어 있으며, 이는 한일 양국에서 실용신안법 제2조로 동일하게 정의되어 있다. 한편, 발명을 보호의 대상으로 하는 특허법에서는 "발명이란 자연법칙을 이용한 기술적 사상의 창작으로서 고도(高度)한 것을 말한다."로 정의되어 있어, 발명(또는 특허)은 기술적 사상의 창작 중 고도한 것만을 대상으로 한다. 그러나 이에 대한 반대 해석으로, 고안에서는 고도한 것이라는 한정이 없으므로, 고도한 것부터 고도하지 않은 것을 모두 포함한다는 견해가 있다.[45] 한편 실용신안은 물품의 형상, 구조 및 조합을 그 대상

45　高林龍, 『標準特許法』, 第6版, 有斐閣, 2017, 43면.

으로 하는 것을 규정하고 있으며, 이는 실용신안의 등록요건이 된다.[46][47]

　고도성은 발명자의 주관에 의해 결정되나, 진보성에 관한 판단은 공지기술과의 관계에서 객관적으로 결정된다.[48][49] 그 때문에 실질적인 고도성에 관한 기준은 진보성으로 평가된다. 다시 말해, 발명은 용이한 경우에는 거절되며, 고안의 경우는 극히 용이하면 거절된다.[50] 이에 대한 양국의 심사기준에서는, "'발명'의 정의 중 '고도한 것'은 주로 실용신안법에 있어서 고안과 구별하기 위한 것이다."라고 기재되어 있을 뿐이며, 진보성의 판단에 있어서 실용신안과 특허는 특별히 차이가 없는 것으로 여겨진다.[51][52] 그 결과, 특허와 실용신안의 진보성 차이는 해당 기술분야를 심사하는 심사관 또는 심사과에 의해 좌우된다.[53]

　우리나라의 최근 10년간(2009~2018년)의 특허 및 실용신안의 등록

46　紋谷暢男, "実用新案制度の保護客体", 『私法』, Vol.30(1968), 173면.
47　紋谷暢男, "実用新案法における物品の形態の一定性", 宮脇幸彦(編), 無体財産法と商事法の諸問題, 有斐閣, 1981, 339면.
48　吉田茂, "発明の本質", 入山実(編), 工業所有権の基本的課題(上), 復刊版, 有斐閣, 1971, 94면.
49　光石士郎, 『特許法詳説』, 帝国地方行政学会, 1967, 135-140면.
50　青山紘一, 『実用新案概説』, 通常商業調査会, 1993, 50면.
51　日本国特許庁, "実用新案審査基準", 2015.9, 第III部第1章と第III部第2章第2節.
52　앞의 글(주 42), 3102면.
53　津田淳, 앞의 글(주 28), 71면.

률을 살펴보면, 특허의 등록률이 64.7%인 것에 비해, 실용신안은 45.2%로 오히려 실용신안의 등록률이 낮음을 확인할 수 있다.[54] 이와 동일한 경향은 (실체)심사제도로 운용했던 당시 일본에서도 동일하게 나타난 것으로 보고된다.[55] 이는 실용신안의 진보성을 특허에 준하여 판단하는 것도 하나의 이유가 아닐까 하고 생각한다.

한편 심사(또는 기술평가) 시, 청구항 내의 구성성분의 수가 많을수록 진보성이 부정되기 어려우며, 대체로 특허는 실용신안에 비하여 구성성분의 수가 많으므로, 인정되는 진보성의 레벨은 특허가 실용신안보다 높은 것으로 사료된다.[56] 이상으로부터 진보성의 판단 시 실용신안은 특허와 같거나 낮게 판단된다고 할 수 있다.

모두에서 실용신안의 목적을 '소발명'의 보호로 설명하였으나, 오늘날 진보성의 판단으로부터 본다면 반드시 그렇다고도 말할 수 없다. 다시 말해, 특허와 실용신안의 진보성의 판단 기준에 있어서 특별한 차이가 없는 점, 특허와 실용신안 간의 출원의 변경을 인정하는 점 및 특허와 실용신안 간에 선원주의를 적용하여 먼저 출원된 것만 인정하는 점을 고려한다면, 오늘날의 실용신안은 반드시 소발명의 보호를 위

---

54 특허청, 지식재산통계 서비스, 심사처리 상세내역
    〈http://ipstat.kipi.or.kr/sta/selectStatisticContentsList.do?statID=30004&type=1&sumYN=〉
55 穗積忠, 앞의 글(주 34), 32면.
56 安彦元, 綾木健一郎, 片岡敏光, "特許權と実用新案權における技術的範囲の限定度合の比較分析",『日本知財学会誌』, Vol.9 No.1(2012), 72면.

한 제도라고 보기는 어렵다.

2 실용신안의 필요성

진보성 판단 시, 실용신안으로 인정받는 진보성의 레벨은 특허에 비하여 낮을 가능성이 있는 점은 상술한 바와 같다. 이렇듯 특허보다 상대적으로 진보성 레벨이 낮은 실용신안이 존재하는 이유로서는, 특허 레벨의 저하를 막기 위해서 필요하다는 점이 거론된다.[57] 한편, 실용신안에 관하여 진보성이 낮은 기술에 특허와 같은 독점배타권을 부여하는 것은 어울리지 않는다는 비판이 있다.[58][59] 또한 낮은 진보성으로부터 실용신안의 덤불이 형성되어, 그 때문에 방어출원 및 회피설계 등이 증가한다면, 차라리 실용신안제도를 폐지해야 한다는 의견도 있다.[60]

실용신안의 진보성에 관한 논의로서, 공지기술의 범위 및 인용방식 등을 제한하는 것을 주장한다. 예를 들면, 공지기술 내에 시사만으로는 불충분하며, 명시(明示) 및 교시(教示) 등이 존재할 것을 요구한

---

57 久野浜男, 『条文を捉えるII [特許法(下)・実用新案法]』, 有限会社PATECH企画, 2008, 646면.

58 神保弁吉, "発明の進歩性について", 앞의 책(주 48), 239면.

59 吉藤幸朔, "実用新案法の存廃等に関する諸論", 入山実(編), 工業所有権の基本的課題(下), 復刊版, 有斐閣, 1972, 684면.

60 이승주, "4차 산업혁명을 대비한 실용신안제도의 혁신―한중일 실용신안제도의 비교를 통하여", 『東北亞法研究』, Vol. 12 No. 1(2018), 138면.

다.[61] 특허와 같은 진보성 판단이 아닌, 이른바 비자명성 판단으로 충분하다는 의견[62]이 있는 한편, 진보성 판단은 특허에만 있고 실용신안에서는 판단하지 않을 것을 주문하며,[63] 혹은 중국과 같이 근접기술분야만을 공지기술로서 이용하고 공지기술의 개수에도 제한이 필요하다는 의견[64][65][66]이 있다. 그 외 특허의 진보성과 다른 개념인 '가치평가성'을 도입하자는 의견도 있다.[67]

그러나 그 개념이 모호하고, 호주의 이노베이션 특허에서 '혁신성'과 같이 기술 레벨이 낮은 경우는 제도의 폐지와 연결될 우려가 있다.[68] 그러므로 진보성 판단의 정도를 조정하는 것으로 실용신안의 활성화와 연결시키는 것은 곤란할 것으로 사료된다.

---

61 仁木弘明, "実用新案にかかる考案の進歩性－発明との対比において", 田倉整先生古稀記念論文集刊行会(編), 知的財産をめぐる諸問題, 発明協会, 1996, 186면.

62 신재민, "특허·실용신안제도의 위상에 대한 재검토－제도의 효율성 측면에서의 접근", 『산업재산권』, No.16(2004), 108면.

63 구대환, "실용신안제도에 의한 소발명의 효과적인 보호방안", 『서울대학교 법학』, Vol.46 No.4 (2005), 266면.

64 榮元敏公, "中国実用新案の進歩性判断基準の運用実態－最高人民法院等の判例を通じた考察", 『知財管理』, Vol.63 No.6(2013), 833면.

65 平成28年度特許委員会第1部会, "各国の特許制度の比較に基づき日本の特許制度·実用新案制度の改正·改良へ向けて検討すべき事項", 『パテント』, Vol.70 No.10(2017), 37면.

66 장진규, "4차 산업혁명 시대의 실용신안제도 운용방안", 『지식재산연구』, Vol.12 No.4(2017), 114-115면.

67 平成25年度特許委員会(第1委員会及び第2委員会)第4部会, "新たな実用新案制度の創設の提案", 『パテント』, Vol.67 No.7(2014), 35-36면.

68 北元健太, "豪州イノベーション特許制度の廃止は我が国実用新案制度に何を示唆するか", 『tokugikon』, No.289(2018), 118면.

이대로 실용신안의 앞날이 야위는 것을 지켜보아야 하는가? 실용신안의 폐지와 관련하여 일본에서는 1960년대부터 제도상 특허와 실용신안의 큰 차이가 없는 점, 원래 실용신안은 후진국의 기술보호인 점 및 자국의 기술수준이 향상한 점 등을 이유로 반복적으로 논의되어 왔다.[69][70] 또한 최근 우리나라에서도 실용신안법이 특허법의 많은 부분을 준용하고 있는 점 및 심사제도로 복귀한 점을 이유로 실용신안제도를 폐지하더라도 큰 지장은 없다고 주장한다.[71]

그러나 다른 많은 나라에서도 실용신안제도는 유지되고 있으며, TRIPs 협정에서 실용신안은 많은 제약을 받지 않는 것으로부터 특허보다 자유롭게 산업의 다양성에 대응할 수 있다.[72][73] 그 결과 실용신안제도는 존재를 전제로 실용신안제도의 활성화를 위한 방책을 특허권과의 차별화를 중심으로 검토해야 한다.

---

69 秋山武, "実用新案制度の存廃問題について", 『パテント』, Vol.16 No.7(1963), 3-5면.
70 吉藤幸朔, 앞의 글(주 59), 672-678면.
71 박종렬, 노상욱, "우리나라 실용신안제도의 실효성에 관한 재검토-특허와 비교해서",『法과 政策』, Vol.19 No.2(2013), 228면.
72 구대환, "실용신안에 의한 영업방법의 보호",『서울대학교 법학』, Vol.46 No.2 (2005), 309면.
73 清水将博 외 4인, 앞의 글(주 40), 82면.

새로운 실용신안권의 방향성에 대한 지금까지의 논의

(1) 소프트 지식재산권으로 도입

현재 한일 양국의 특허권은 독점배타권으로 인정되고 있으며, 특허권 침해에 대한 보호로서 금지청구권과 손해배상청구권이 인정되고 있다. 또한, 실용신안법도 동일한 내용이 규정되어 있다. 그러나 이러한 특허권의 배타권은 산업정책적 편의에 의해 구성된 것으로,[74] 특허권침해의 구제에 있어서 금지청구권이 없는 배상책임과 같이 배타권을 약화시킨 특허권의 도입이 주장되었다.[75] 그 후 미국의 eBay 판결 [eBay Inc. v. MercExchange L.L.C. Cite as 126 S.Ct. 1837 (2006)]을 계기로,[76] 금지청구권이 제한된 특허권(이른바 소프트 지식재산권)이 본격적으로 논의되었다.[77]

이와 같이 금지청구권이 없으며 배상책임만이 있는 특허권으로서, 불실시의 경우, 금지청구권의 행사가 불가하며, 실시료 지급이 없는 경우에 한하여 금지청구권의 행사가 가능하다는 의견[78] 및 금지청구

---

74 中山信弘,『工業所有権法(上)特許法』, 第2版増補版, 弘文堂, 2000, 300면.

75 松本重敏,『特許権の本質とその限界』, 有斐閣, 2005, 141면.

76 eBay판결에 대한 자세한 내용은 다음의 논문 참고. 玉井克哉, "特許権はどこまで「権利」か―権利侵害の差止めに関するアメリカ特許法の新判例をめぐって",『パテント』, Vol.59 No.9(2006), 46-48면.

77 那須野太, 伊達智子, "知財立国に向けた新たな知財財産制度(ソフトIP)の提案",『ジュリスト』, No.1393 (2010), 79-80면.

78 심미랑, "특허침해에 대한 구제원리로서 물권적 보호원칙과 손해배상원칙",『안암

권의 인정은 법원의 재량으로 하자는 의견[79] 등이 있다. 또한 소프트 지식재산권을 실용신안제도에 도입할 것을 주장하는 것 중에는 "금지청구권은 원칙적으로 없으며, 법원은 사정 참작에 의해 금지청구를 명할 수 있는 것으로 해야 한다"고 주장한다.[80] 그 외 금지청구권은 사안별로 확정되어야 하며,[81] 리드 타임(lead time)에 관한 라이선스 방식의 보상책임제로의 전환을 제안하기도 한다.[82]

이러한 소프트 지식재산권으로의 전환은 공평(equity) 관점에서 금지청구 대신 금전적 손해배상권을 인정하는 법리도 일견 타당하나, 금지청구권의 폐지를 그대로 도입하는 것에 저항감이 있으며, 그 외 산업재산권법과의 조화도 고려해야 한다.[83]

(2) 보호대상 확대에 관한 논의

현재의 실용신안법은 기술적 사상의 창작인 고안에 관한 것이나, 과거의 "형(型)"설로부터 물품의 형상, 구조 및 조합은 지금도 등록요건

　　법학』, No.29 (2009), 411-421면.

79　松本重敏, "eBay 事件判決と日本特許法の比較考察－差止請求権と損害賠償請求権相互の位置づけ", 『知財管理』, Vol.57 No.2(2007), 191면.

80　吉原省三, "差止請求権の在り方と差止請求権のない実用新案権の創設", 高林龍, 三村量一, 竹中俊子(編), 現代知的財産法講座Ⅳ・知的財産法学の歴史的鳥瞰, 日本評論社, 2012, 124면.

81　구대환, 앞의 글(주 72), 779면.

82　구대환, 앞의 글(주 63), 269-271면.

83　清水将博 외 4인, 앞의 글(주 40), 96면.

으로 부가되고 있으므로, 궁극적으로는 이를 삭제하여 대상의 확대를
꾀하여야 한다고 한다.[84][85] 즉, 소발명이 반드시 물품에만 해당하지
않으므로, 물질, 프로그램, 방법 등도 수용할 것을 주장한다.[86][87][88]
또한 대상의 확대만으로는 부족하고 존속기간 연장출원을 인정하는
것과 같은 별도의 제도가 필요하다는 의견도 있다.[89]

보호대상의 확대에 반대하는 의견으로는, 실용신안은 단순·명료한
제도로 자리매김해야 하므로 방법 등을 배제할 것을 주장[90]하거나 방
법은 시각화를 통한 보호 범위 특정이 곤란하므로 무심사 제도에 부합
하지 않다는 주장이 있다.[91] 또한 방법의 레벨이 저하하는 것을 우려
하여 대상의 확대를 반대하기도 한다.[92]

제4차 산업혁명시대를 맞이한 오늘날, 제4차 산업혁명의 대표적인
기술을 보호하기 위해 실용신안의 보호대상을 확대하는 것은 어떠한

---

84 玉井克哉, 앞의 글(주 35), 68면.
85 特許第1委員会第5小委員会, 앞의 글(주41), 54면.
86 穂積忠, 앞의 글(주 34), 37면.
87 이승주, 앞의 글(주 60), 132면.
88 熊谷健一, "実用新案法の改正と今後の課題に関する一考察", 相澤英孝, 大渕哲也,
    小泉直樹, 田村善之(編), 知的財産法の理論と現代的課題, 弘文堂, 2005, 327면.
89 권인희, "실용신안제도의 실효성에 관한 검토", 『창작과 권리』, No.56(2009),
    75면.
90 伊原友己, "実用新案制度再考", 中山信弘, 斉藤博, 飯村敏明(編), 牧野利秋先生傘
    寿記念論文集: 知的財産権法理と提言, 青林書院, 2012, 778-779면.
91 박영규, "실용신안법의 연혁, 목적 그리고 보호대상에 관한 고찰", 『法曹』, Vol.624
    (2008), 206면.
92 吉藤幸朔, 앞의 글(주 59), 690면.

영향을 가져오게 될 것인가? 제4차 산업혁명의 대표적인 기술인 인공지능(AI: Artificial Intelligence) 관련 기술과 실용신안의 보호 대상 확대를 고려해 보자. AI 관련 기술은 이른바 AI 및 그 주변기술로 분류될 수 있다.[93] 시스템 및 소프트웨어의 관점에서 본다면, AI는 크게 학습을 위한 데이터, AI 알고리듬, 컴퓨터 하드웨어로 나뉜다. 또한 주변기술로서 데이터화를 위한 센서 등이 구성된다. 딥 러닝(deep learning)으로 대표되는 AI 알고리듬 및 이를 위한 데이터는 프로그램으로 보호될 가능성이 있으나,[94][95] 프로그램은 현재 실용신안법의 보호대상에 해당하지 않는다.

그러나 프로그램에 관한 기술은 단계적으로 버전 업을 통해서 기술혁신이 순차적, 점증적, 누적적으로 일어나므로, 오히려 특허보다는 실용신안에 적합하다.[96][97] 또한 "특허법에서도 물건을 생산하는 방법의 발명의 효력은 그 발명에 의해 생산된 물건에도 미치게 되므로, 물건과 물건을 생산하는 방법을 구별할 실익이 없다. 그 결과 실용신안의 대상을 확대하는 견지에서 본다면, 물건을 생산하는 방법을 실용신

---

93 別所直哉, "実務から見たAIがもたらす知的財産法へのインパクトと課題", 『法律時報』, Vol.91 No.8 (2019), 9면.

94 中島裕美, 潮海久雄, "AI 関連発明における特許要件", 『AIPPI』, Vol.64 No.7 (2019), 17-21면.

95 平嶋竜太, "「いわゆるAI」関連技術の特許法による保護と課題", 『法律時報』, Vol.91 No.8(2019), 43-47면.

96 구대환, 앞의 글(주 72), 283면.

97 熊谷健一, 앞의 글(주 88), 328면.

안의 대상에 추가해야 한다."라는 의견도 있다.[98] 한편, 새로운 물건 및 장비는 특허 또는 실용신안으로 양쪽 모두 출원하는 것이 가능하지만, 흔해진 다음의 개량은 실용신안이 보다 적합하므로,[99] 제4차 산업혁명 이후까지 고려한다면, 실용신안의 대상 확대를 검토해야 할 것이다. 하지만 III.1. 및 2.에서 검토한 바와 같이, 권리의 부여와 그 효력의 근본적인 차별화 없이 실용신안의 보호 대상의 확대만으로는 실용신안의 자리매김은 더욱 불명료하게 되며, 실용신안의 활성화에의 영향은 작을 것으로 사료된다.

---

98 吉原省三, 앞의 글(주 80).
99 光石士郎, 『新訂実用新案法詳説』, 帝国地方行政学会, 1973, 44-45면.

IV

실용신안의 새로운 자리매김을 위한 제안

이상을 정리하면, 실용신안의 비용적 장점이 이전과 같지 않게 되었으며, 라이프 사이클이 짧은 권리의 보호 및 그로부터의 산업발전에 기여하는 바가 불명료하게 된 것을 언급하였다. 또한 궁극적으로 실용신안을 보다 약한 권리로 보호할 것 및 보호대상을 확대하는 것 등이 검토되어 왔다. 그러나 특허권과 실용신안의 보호방식 및 내용의 근본적인 차별화가 없이 보호대상을 확대하는 것은 상술한 바와 같이 실용신안의 이용을 활성화시키는 효과가 미약할 것으로 사료된다.

그러므로 실용신안제도의 새로운 체계는 실용신안의 본래의 취지인 실용적 기술의 보호인 점 및 실용적인 기술인 이상 보호의 조건으로 해당 기술의 실시를 요구하는 점을 고려해야 할 것이다. 이로부터 실용신안의 보호방식 및 내용을 특허와 차별화하여, 실용신안과 특허의 공존이 가능할 것이다.

1 불실시에 의한 금지청구권의 제한

실용신안의 새로운 체계를 위해, 고려해야 하는 사항은 권리의 부여와 그 효력에 대한 특허권과의 차별화다. 특허와 실용신안의 전형적인 차이로서, 보호대상, 심사청구기간, 권리존속기간, 등록료, 수수료, 벌칙 등을 들 수 있으며, 권리부여 자체의 차이가 주된 것으로 되어 있다.[100] 한편, 상술한 바와 같이, 최근에는 소프트 지식재산권을 통하여 특허와 실용신안의 효력의 차별화가 제안되었다. 여기서는 이들 가운데 실용신안의 새로운 체계를 구축하기 위해, 필요한 사항을 검토하기로 한다.

첫째, 특허의 우선심사 및 각종 감면제도에 의해 심사 및 수수료(등록료 일부 포함)에 있어서 차이는 줄어들었기 때문에, 위의 예 중에서, 심사청구기간 및 수수료(등록료 일부 포함)는 실용신안의 새로운 체계에 역할을 하지 못할 것으로 사료된다. 둘째, 권리존속기간과 관련하여 일본의 경우, 2004년 개정을 통해서 실용신안의 존속기간을 6년에서 10년으로 연장하였다.[101] 그러나 그 영향은 일시적인 효과에 머물렀으므로,[102] 보호대상 및 벌칙 등을 개정한다 하더라도 이와 동일하게 일시적인 효과밖엔 얻지 못할 것으로 예상된다. 그러므로 실용신안

---

100 光石士郎, 앞의 글(주 99), 45-46면.
101 高林龍, 앞의 글(주 45), 323면.
102 角田正芳, 辰巳直彦, 앞의 글(주 36), 197면.

의 새로운 체계를 위해서는 최근 논의가 진행된 금지청구권의 제한을 인정하는 소프트 지식재산권으로의 전환 및 추가적 감면이 가능한 등록료의 항목 등을 통해서 검토하도록 한다.

우선 소프트 지식재산권으로의 전환을 고려해 보자. 실용신안권에 대하여 소프트 지식재산권에 관한 논의[III.3(1)]를 적용해 볼 경우, 보호의 대상이 짧은 라이프 사이클의 기술인 점을 고려한다면, 실용신안권을 금지청구권이 없는 손해배상청구권으로 하기보다는 오히려 금지청구권이 필요한 것은 아닌가 하고 생각된다(가령 단기간의 침해 후, 침해자가 그 이상의 실시를 희망하지 않는 경우). 그러나 실용신안의 실용적인 측면을 고려한다면, 실용신안권자가 실시하지 않는 경우는 금지청구를 인정하지 않는 것이 제도의 취지에 부합하는 것으로 사료된다. 즉, 기존의 소프트 지식재산권의 제안을 수정하여, 실용신안이 불실시인 경우에 한하여 소프트 지식재산권과 같이 효력을 제한할 것을 제안한다. 이와 같이 불실시에 의한 실용신안의 효력제한은 실용신안을 실시에 동반한 권리로서 자리 잡게 할 것이다.

2 재정청구권의 폐지 및 불실시 취소심판 도입

계속해서 불실시에 관하여 고찰한다. 특허법은 불실시로 인한 재정청구권을 인정하고 있으며, 실용신안법에서도 동일한 내용이 규정되어 있다. 그러나 실용신안의 성질상, 라이프 사이클이 짧은 기술을 보호하고 산업 발전에 기여하는 것을 고려한다면, 요구되는 불실시 기간이 실용신안의 존속기간의 대부분을 차지하는 재정청구권을 폐지하고, 권리의 소멸로 전환하는 것이 바람직하다. 이를 위해 상표법에 있어서 불사용 취소심판과 같이,[103] [104] 실용신안의 불실시의 경우, 취소심판(또는 직권취소)를 도입할 것을 제안한다. 실용신안이 실용적인 면이 강조되는 기술적 사상이므로, 이것은 실시를 전제로 하는 것이 바람직하며, 실시하지 않는 권리는 보호대신 공중이 자유롭게 이용가능하게 한다.

3 연차등록료의 가산금 또는 연차등록료 자체의 폐지

마지막으로 등록료에 관하여 고찰해 보자. 상기에 기재한 바와 같이, 실용신안은 라이프 사이클이 짧은 소발명을 담당하는 중소기업 및 개인출원인을 보호하는 역할을 해 왔으나, 현재 특허도 우선심사가 가능하며, 각종 면제제도를 고려한다면, 실용신안의 매력은 그전과 같지 않다. 현재까지의 등록료에 관한 제안으로서, 미실시의 권리에 대하여 실시의 요청이 있는 경우, 권리자의 연차등록료를 일부 면제하며,[105] 납입금의 일부 반환 또는 해당 연도의 연차등록료로서 납부 등이 제안되었으나,[106] 이로부터 감소 추세에 돌입한 실용신안의 활성화를 기

---

103 일본 상표법 제50조 제1항
104 상표법 제119조 제1항 제3호
105 那須野太, 伊達智子, 앞의 글(주 77), 79면.
106 清水将博 외 4인, 앞의 글(주 40), 98면.

대하기는 어려울 것으로 사료된다.

그러므로 이제까지의 등록료에 관한 제안보다는 적극적인 유인이 필요할 것이다. 예를 들면, 연차등록료의 가산금의 폐지 또는 저작권과 같이 연차등록료의 개념이 없는 권리로서의 전환도 고려해야 할 것이다[다만, 연차등록료 이외의 출원, 심사(또는 기술평가서작성), 보정(또는 정정), 설정등록, 심판 비용 등은 종전과 같이 한다]. 연차등록료의 가산금은 실시를 촉진하는 기능도 있으므로,[107] 이는 상술한 불실시 취소심판(또는 직권취소)의 대상을 등록 연차에 따라 조절하는 것에 의해 같은 효과를 얻을 수 있을 것이다. 이와 같이 연차등록료의 감면 또는 폐지는 중소기업 또는 개인출원인을 위한 실용신안의 역할과도 부합한다. 한편, 특허청의 입장에서는 출원건수가 증가하게 된다면 세수의 큰 감소는 없을 것으로 사료된다.

즉, 지금까지의 제안을 시행하게 된다면, 실용신안은 특허와 비교하여 매우 저렴하지만 실시에 의한 자기책임형의 권리로서 새로운 자리매김을 하게 될 것이다.

---

107 渋谷達紀, 『知的財産法講義I』, 第2版, 有斐閣, 2006, 101면.

결 론

실용신안제도의 활성화는 실용신안제도의 새로운 자리매김으로부터 출발하는 것으로 사료된다. 이를 위해 실시에 동반하는 자기책임형의 권리로 전환하는 것을 제안한다. 즉, 불실시의 경우, 금치청구권을 인정하지 않는다. 또한 실용신안은 짧은 라이프 사이클을 갖는 기술을 보호하는 점을 고려하여 불실시 기간 4년을 요건으로 하는 재정청구 대신에 불실시 취소심판을 제안한다. 한편, 적극적인 유인으로서 연차 등록료의 가산금 또는 연차등록료 자체의 폐지도 고려해야 할 것이다.

〈단행본〉

湯浅・原法律特許事務所(編), 知的所有権の保護―その実務傾向, 発明協会, 1987.

青山紘一(編), 知財20講―知的財産の創造・保護・活用等の現状と課題, 財団法人経済産業調査会, 2004.

田村善之,『知的財産法』, 第5版, 有斐閣, 2010.

角田正芳, 辰巳直彦,『知的財産法』, 第8版, 有斐閣アルマ, 2017.

高林龍,『標準特許法』, 第6版, 有斐閣, 2017.

宮脇幸彦(編), 無体財産法と商事法の諸問題, 有斐閣, 1981.

入山実(編), 工業所有権の基本的課題(上), 復刊版, 有斐閣, 1971.

入山実(編), 工業所有権の基本的課題(下), 復刊版, 有斐閣, 1972

光石士郎,『特許法詳説』, 帝国地方行政学会, 1967.

青山紘一,『実用新案概説』, 通常商業調査会, 1993.

久野浜男,『条文を捉えるⅡ〔特許法(下)・実用新案法〕』, 有限会社PATECH企画, 2008.

田倉整先生古稀記念論文集刊行会(編), 知的財産をめぐる諸問題, 発明協会, 1996.

中山信弘,『工業所有権法(上)特許法』, 第2版増補版, 弘文堂, 2000.

松本重敏,『特許権の本質とその限界』, 有斐閣, 2005.

高林龍, 三村量一, 竹中俊子(編), 現代知的財産法講座Ⅳ・知的財産法学の歴史的鳥瞰, 日本評論社, 2012.

相澤英孝, 大渕哲也, 小泉直樹, 田村善之(編), 知的財産法の理論と現代的課題, 弘文堂, 2005.

中山信弘, 斉藤博, 飯村敏明(編), 牧野利秋先生傘寿記念論文集・知的財産権法理と提言, 青林書院, 2012.

光石士郎,『新訂実用新案法詳説』, 帝国地方行政学会, 1973.

渋谷達紀,『知的財産法講義Ⅰ』, 第2版, 有斐閣, 2006.

〈학술지〉

정광선, "실용신안 무심사등록제도 도입의 문제점", 『산업재산권』, Vol.6(1997).

윤선희, "우리나라에서의 실용신안무심사제도 도입의 문제점", 『비교사법』, Vol.4 No.2(1997).

이승주, "4차 산업혁명을 대비한 실용신안제도의 혁신—한중일 실용신안제도의 비교를 통하여", 『東北亞法研究』, Vol.12 No.1 (2018).

신재민, "특허·실용신안제도의 위상에 대한 재검토—제도의 효율성 측면에서의 접근", 『산업재산권』, No.16(2004).

구대환, "실용신안제도에 의한 소발명의 효과적인 보호방안", 『서울대학교 법학』, Vol.46 No.4(2005).

장진규, "4차 산업혁명 시대의 실용신안제도 운용방안", 『지식재산연구』, Vol.12 No.4(2017).

박종렬, 노상욱, "우리나라 실용신안제도의 실효성에 관한 재검토—특허와 비교해서", 『法과 政策』, Vol.19 No.2(2013).

구대환, "실용신안에 의한 영업방법의 보호", 『서울대학교 법학』, Vol.46 No.2 (2005).

심미랑, "특허침해에 대한 구제원리로서 물권적 보호원칙과 손해배상원칙", 『안암법학』, No.29(2009).

권인희, "실용신안제도의 실효성에 관한 검토", 『창작과 권리』, No.56(2009).

박영규, "실용신안법의 연혁, 목적 그리고 보호대상에 관한 고찰", 『法曹』, Vol.624(2008).

櫻井孝, "制度創設期の我が国の実用新案制度について", 『特許研究』, No.58(2014).

穂積忠, "実用新案制度の意義と有用性", 『特許研究』, No.36(2003).

玉井克哉, "無審査特許としての再生か緩慢な死か—わ, が実用新案法の改正論議に寄せて", 『ジュリスト』, No.1007(1992).

清水将博, 服部博信, 戸次一夫, 政孝浩, 石井正, "実用新案制度の活用に関する一考察", 『tokugikon』, No.268(2013).

제2장 실용신안제도의 새로운 체계의 검토

特許第1委員会第5小委員会, "実用新案制度の再考－平成5年法改正以後",『知財管理』, Vol.63 No.1(2013).

紋谷暢男, "実用新案制度の保護客体",『私法』, Vol.30(1968).

安彦元, 綾木健一郎, 片岡敏光, "特許権と実用新案権における技術的範囲の限定度合の比較分析",『日本知財学会誌』, Vol.9 No.1(2012).

榮元敏公, "中国実用新案の進歩性判断基準の運用実態－最高人民法院等の判例を通じた考察",『知財管理』, Vol.63 No.6(2013).

平成28年度特許委員会第1部会, "各国の特許制度の比較に基づき日本の特許制度・実用新案制度の改正・改良へ向けて検討すべき事項",『パテント』, Vol.70 No.10(2017).

平成25年度特許委員会(第1委員会及び第2委員会)第4部会, "新たな実用新案制度の創設の提案",『パテント』, Vol.67 No.7(2014).

北元健太, "豪州イノベーション特許制度の廃止は我が国実用新案制度に何を示唆するか",『tokugikon』, No.289(2018).

秋山武, "実用新案制度の存廃問題について",『パテント』, Vol.16 No.7(1963).

玉井克哉, "特許権はどこまで「権利」か－権利侵害の差止めに関するアメリカ特許法の新判例をめぐって",『パテント』, Vol.59 No.9(2006).

那須野太, 伊達智子, "知財立国に向けた新たな知財財産制度(ソフトIP)の提案",『ジュリスト』, No.1393(2010).

松本重敏, "eBay 事件判決と日本特許法の比較考察－差止請求権と損害賠償請求権相互の位置づけ",『知財管理』, Vol.57 No.2(2007).

別所直哉, "実務から見たAI がもたらす知的財産法へのインパクトと課題",『法律時報』, Vol.91 No.8(2019).

中島裕美, 潮海久雄, "AI 関連発明における特許要件",『AIPPI』, Vol.64 No.7(2019).

平嶋竜太, "「いわゆるAI」関連技術の特許法による保護と課題",『法律時報』, Vol.91 No.8(2019).

〈인터넷 자료〉

특허청, 지식재산통계서비스, 연도별 출원참고

〈http://ipstat.kipi.or.kr/sta/selectStatisticContentsList.do?statID=10001&type=1&sumYN=N〉

특허청 지식재산통계서비스, 연보도별 심사청구 및 심사처리

〈http://ipstat.kipi.or.kr/cmm/main/mainPage.do;jsessionid=1F2ABF32EF0FE65977DB01CCB371540D〉

특허청 수수료정보안내

〈http://www.patent.go.kr/jsp/ka/menu/fee/main/FeeMain01.jsp〉

특허청, 지식재산통계 서비스, 심사처리 상세내역

〈http://ipstat.kipi.or.kr/sta/selectStatisticContentsList.do?statID=30004&type=1&sumYN=〉

日本国特許庁・新減免制度について.

〈https://www.jpo.go.jp/system/process/tesuryo/genmen/genmen20190401/index.html#3-4〉

〈기타 자료〉

특허청, "특허・실용신안심사기준", 2019.3.19
日本国特許庁, "特許行政年次報告書(2019年版)", 2019.
日本国特許庁, "実用新案審査基準", 2015.9.

　　　　　　　　　　　제2장 실용신안제도의 새로운 체계의 검토

제3장

───

직무발명을 바라보는 두 개의 시선

— 직무발명 규정의 한일 비교

이른바 프로세스 심사라는 공통 규정을 가지고 있었던 한일 직무발명제도에 대하여, 우리나라의 2013년 법개정과 일본의 2015년 법개정을 비교·고찰했다.

2015년 개정으로 일본에서 특허받을 권리 및 그 대가는 사용자에게 원시적 귀속이 가능하게 되었으며 대가의 성질도 인센티브인 것이 더욱 뚜렷해졌다. 우리나라의 경우, 특허받을 권리의 원시귀속은 종업원에게 있지만, 대가는 일본과 마찬가지로 인센티브로 간주된다. 한편, 2013년 개정으로 우리나라의 직무발명은 중소기업 및 종업원을 보호하는 규정이 추가되었다.

또한 이 장에서는 대가 산정 시에 이용되는 종업원의 공헌도의 기본방향을 제안하고, 외국에서 특허를 받을 권리 및 준거법에 대해 양국의 차이점을 소개한다.

I

서 론

발명을 한 사람이 이를 특허로 출원하는 것은 지극히 당연하다. 그러나 현대와 같은 산업화 사회에서는 발명자가 곧 특허 출원인이 되지 않는 경우도 있다. 오늘날은 회사로 불리는 법인 등에 근무하면서 자신의 직무와 관련된 발명을 하며, 이를 사용자인 법인 등의 이름으로 출원하는 이른바 직무발명이 특허 출원의 대부분을 이루고 있다.[108] [109]

2004년(평성16년)의 일본의 직무발명 규정과 2006년에 개정된 우리나라의 직무발명 규정은 이른바 프로세스 심사를 도입한 측면을 비롯하여, 그 요건 및 효과에 공통점이 있었다.[110] [111] 그러나 이후 2013년

---

108 일본 출원 통계
⟨http://www.jpo.go.jp/shiryou/toushin/nenji/nenpou2018/toukei/0208.pdf⟩
109 우리나라 출원 통계
⟨http://www.kipo.go.kr/kpo/user.tdf?a=user.html.HtmlApp&c=3041&catmenu=m04_05_02⟩

의 개정을 통하여 우리나라의 직무발명은 종업원의 보호를 강화하는 규정이 도입되었으며, 한편 일본은 2015년(평성27년)개정을 통하여 사용자에게 일부 유리한 측면이 도입된 것으로 사료되는 개정이 있었다.[112][113]

프로세스 심사도입의 경위로서는, 직무발명에 관한 종업원의 대가 청구 사건이 발단이 되어, 일본의 경우, 이른바 '올림푸스 광학공업 사건' 등의 일련의 대가의 불명료성이 문제 되었으며, 이를 반영한 일본 특허법은 2004년 개정으로 이루어지게 되었다.[114] 한편 우리나라의 경우, 이른바 '천지인 사건'으로 불리는 휴대전화 입력 방법에 관한 사건 등이 직무발명과 관련한 문제로 크게 이슈가 되었다.[115]

직무발명제도의 개략적인 개념은 발명을 한 종업원으로부터 사용자 측인 법인 등으로 특허받을 권리를 이전하게 되며, 이때 사용자는 이

---

110 일본 평성16년 개정 특허법 해설
    〈http://www.jpo.go.jp/seido/shokumu/pdf/shokumu/01.pdf〉
111 발명진흥법 2006.3.3. 법률 제7869호 개정
    〈http://www.law.go.kr/lsInfoP.do?lsiSeq=73237&ancYd=20060303&ancNo=07869&efYd=20060904&nwJoYnInfo=N&efGubun=Y&chrClsCd=010202#0000〉
112 현행 일본 특허법
    〈http://elaws.e-gov.go.jp/search/elawsSearch/elaws_search/lsg0500/detail?lawId=334AC0000000121〉
113 현행 발명진흥법
    〈http://www.law.go.kr/lsInfoP.do?lsiSeq=199131&efYd=20180529#0000〉
114 橫山久芳, "職務發明制度をめぐる法改正とその後の動き", 『ジュリスト』No.1326 (2007.1.1-15), 52면.
115 전기억, 이원일, 김종선, 『특허부자들』, 타커스, 2015, 108-122면.

에 상응하는 대가(보상 또는 보상금)를 지급하는 구조를 갖는다.[116][117] 다시 말하면, 원시적으로 특허를 받을 권리 및 이의 이전 문제, 권리이전 이후의 대가에 관한 것이 문제가 된다. 이 중 한일 양국에서는 권리이전에 따른 대가가 문제가 된 경우가 주를 이룬다.[118][119]

이 장에서는 우리나라와 일본이 공통의 규정을 갖는 한국의 2006년 규정과 일본의 2004년 규정으로부터 출발하여, 현재 종업원과 사용자로 각각 한발씩 다가선 양국의 직무발명의 변화를 논하고자 한다.

---

116 앞의 글(주 112).

117 앞의 글(주 113).

118 조영선, 『특허법2.0』, 박영사, 2018, 207면.

119 김동엽, "일본의 직무발명제도", 한국특허법학회 편, 직무발명제도 해설, 박영사, 2015, 68-76면.

한일의 직무발명 규정

1 공통된 한일 직무발명 규정

일본의 직무발명제도는, 사내의 직무발명 규정에 의해 지급된 보상금이 상당한 대가에 이르지 못한 경우, 그 부족분을 청구할 수 있다는 것을 판시한 올림푸스 광학공업의 사건을 계기로, 일본 특허법 제35조의 개정(이하, 2004년 개정 일본 특허법)이 이루어졌다.[120] 이른바 프로세스 심사규정이 도입되어, 대가를 결정하기 위한 협의 상황, 기준의 개시 상황 및 종업원 등의 의견 청취 등을 고려하는 것을 규정하였다(일본 특허법 제35조 제4항). 대가에 관한 규정이 없거나 불합리하다고 인정되는 경우에는, 사용자 등이 받을 이익액 및 사용자 등의 부담 및 종업원 등의 처우 등을 고려하여 정하는 것으로 규정하였다(일본 특허

---

[120] 橫山久芳, 앞의 글(주 114).

법 제35조 제5항).[121]

한편, 우리나라의 직무발명제도는 종전의 특허법에서 규정된 사항을 기타 직무발명과 관련된 법을 통합하는 과정에서 2006년에 발명진흥법으로 이관되었다.[122] 이와 동시에 보상과 관련하여 제13조에 일본의 프로세스 심사와 유사한 규정이 도입되었다. 다만, 한국의 직무발명과 관련하여 직무완성에 관한 통지 규정을 두고 있으며, 사용자가 이에 정해진 기간 내에 승계 여부를 통지하지 않는 경우, 사용자는 권리를 포기한 것으로 간주된다.[123]

2 한일 양국의 개정법

(1) 2015년 개정 일본 특허법

2015년에 개정된 일본의 직무발명규정과 관련하여 3가지의 큰 특징을 들 수 있다.[124] 첫째로, 직무발명의 보상과 관련하여 '상당한 대가'에서 '상당한 이익'으로 변경되었고, 둘째로 특허를 받을 수 있는 권리가 사용자에게 원시 귀속될 수 있게 하였으며, 셋째로, 사용자와 종업

---

121 中山信弘,『特許法』, 第3版, 弘文堂, 2016, 73-77면.

122 정차호, "직무발명법제 입법 이력", 한국특허법학회 편, 직무발명제도 해설, 박영사, 2015, 5면.

123 정차호, 앞의 글(주 122), 6면.

124 鎌田純一, 吉川幹晃, "職務発明制度の見直し－特許法等の一部を改正する法律案",『立法と調査』, No.364(2015.5), 34-38면.

원의 조정 절차를 위한 가이드라인을 마련하는 것으로 기업 경쟁력 강화를 위해 사용자 측에 유리하게 개정된 점이 있다.[125]

이 중 크게 문제가 된 점은 직무발명의 보상과 관련된 '상당한 대가'에서 '상당한 이익'으로의 변경이다. 이는 금전적 보상을 의미하는 '대가'에서 보상의 다양화를 기한다는 측면이 포함된 것이나, 실질적인 보상액이 줄어드는 것이 아닌가 하는 의문도 있다. 이에 대하여, 특허받을 권리가 사용자에게 원시귀속된다 하더라도 이익청구권으로서의 보상이 종업원에게 그대로 존치되는바, 이는 인센티브의 인하가 아니라 인센티브의 다양화로 보아야 한다는 견해 및 특허받을 권리의 보상은 인센티브 개념이므로 사용자의 부담이 있다면 그것으로 종업원은 이익을 받았다는 견해가 있다.[126] [127]

(2) 2013년 개정된 우리나라의 발명진흥법

직무발명의 예약 승계 규정에 관하여, 조직, 인력 및 예산 등의 어려움을 겪는 중소기업의 경우, 발명 승계에 관한 계약이나 근무규정을 유예하는 조항을 두었으며(2013년 개정 발명진흥법 제10조 제1항), 직무

---

125 전성태, 문병호, "일본의 직무발명 제도 개정안 검토 및 시사점", 『ISSUE & FOCUS on IP』, 한국지식재산연구원, 2015.9.25, 14면.

126 橫山久芳, "職務發明制度の見直しに係る平成27年特許法改正法案の檢討", 『Law & Technology』, No.68 (2016.7), 41면.

127 高橋淳, "職務發明における「相當の利益」", 『ジュリスト』, No.1488(2016.1), 24면.

발명에 대한 보상 과정에서 보상 규정을 종업원 등에 불리하게 변경하는 경우에는 해당 종업원 등의 과반수의 동의 등을 받게 하는 규정(동법 제15조 제3항 및 제5항)을 신설하여, 보상에 관하여 중소기업 및 종업원을 보호하는 방향으로 개정되었다.[128]

3 한일 직무발명 개정에 관한 소결

일본의 경우, 직무발명과 관련하여 사용자 측에 인센티브의 다양화를 가능하게 하는 방향으로 개정이 되었다. 이는 예전부터 지적되어 온 종신고용과 연공서열로 대표되는 기업 문화임에도 불구하고, 직무발명과 관련된 대가의 지급이 과하다는 지적 및 실제 매출 대비 인건비가 비교적 높게 유지된 점도 그 이유 중 하나일 것이다.[129][130] 한편, 우리나라의 경우, 1997년 이른바 IMF 사태를 거치게 되면서, 보다 종업원 보호를 고려하는 연장선에서 개정이 이루어진 것은 아닌가 하고 예상한다.[131]

---

128 정차호, 앞의 글(주 122), 11-12면.
129 "特許法の相当対価規定を撤廃し、当事者間の契約の主体性を重視するべき理由", 『法律文化』, 2004.6, 25면.
130 매출액 대비 인건비 비중, 한국의 경우 매출의 7.0%, 일본은 10.3% (2013년 기준) 〈http://news.kbs.co.kr/news/view.do?ncd=3346144〉
131 정차호, 앞의 글(주 122), 5-6면.

특허를 받을 권리는 누구의 것인가?

직무발명은 종업원이 한 발명으로, 발명의 성질상 사용자의 업무범위에 속하며, 그 발명을 하게 된 경위가 종업원의 현재 또는 과거의 직무에 속하는 것을 의미한다.[132][133] 발명을 한 자는 자연인인 종업원에 의한 것이나, 종업원이라는 노동 계약에 속한 자의 발명에 해당하므로, 특허받을 권리를 누구에게 원시 귀속시킬 것인가에 관한 학설이 대립한다. 다음의 1~6에서 주요한 학설을 정리하였다.

1 자연권론과 인센티브론

특허받을 권리의 원시 귀속과 관련하여, 발명을 한 발명자에게 특허

---

132 조영선, 앞의 (주 118), 196-202면.
133 高林龍, 『標準特許法』, 第6版, 有斐閣, 2017, 80-85면.

받을 권리가 원시적으로 귀속된다는 자연권론과 기술 발전을 촉진시키기 위한 정책목표라는 인센티브론이 있다.[134] 인센티브론의 관점에서 볼 경우, 특허받을 권리의 원시적 귀속은 사용자 측도 가능하며, 이는 상술한 바와 같이 기술 발전을 촉진하기 위한 정책적인 결과에서 가능하다.

각각의 이론과 관련하여 자연권론의 반론으로는 발명자를 필요 이상으로 대우한다는 점에서 불합리하다는 견해가 있다.[135] 인센티브론의 반론으로는 직무저작물에는 대가를 지급하지 않는 것과 차이가 있으며, 사용자와 종업원 간의 이익의 균형을 위해 인센티브를 추구하는 것에 법원이 개입하는 것은 부적절하다고 한다.[136][137]

한편, 모든 창작물이 특허가 되지 않는 점, 직무발명에 관한 외국의 예가 나라마다 다른 점 및 저작권법과의 형평성을 위해 자연권론보다는 인센티브론이 합당하다는 주장이 있다.[138] 또한 자원의 효율적 분배를 위한 사회적 관점에서 볼 때, 그 주체를 발명자 개인에게 부여하기보다는 사용자에게 부여하는 편이 합리적이라는 견해가 있다.[139]

---

134 田村善之, 柳川範之, "職務発明の対価に関する基礎理論的な研究", 『民商』, 128巻 4·5(2003), 448-451면.

135 橫山久芳, "特許法学の立場から", 『ジュリスト』, No.1302(2005.12.1), 104면.

136 高林龍, 『著作権法』, 第3版, 有斐閣, 2016, 119면.

137 飯田秀郷, "職務発明制度に関する基礎的考察", 中山信弘, 斉藤博, 飯村敏明(編), 牧野利秋先生傘寿記念論文集「知的財産権法理と提言」, 靑林書院, 2013, 523면.

138 井上由里子, "平成27年職務発明制度改正", 『特許研究』, No.60(2015.9), 22-23면.

139 島並良, "職務発明に関する権利の配分と帰属", 相澤英孝, 大渕哲也, 小泉直樹, 田村善之(編), 知的財産法の理論と現代的課題, 弘文堂, 2005, 115면.

2 노동법과 정책

직무발명제도를 노동법적 관점에서 볼 경우, 연구자를 다른 노동자와 달리 볼 근거가 없다는 이론이다. 또한 임원이 한 발명도 직무발명에 해당하므로, 직무발명은 노동자 보호의 관점은 아니라는 견해이다. 그러므로 직무발명은 정책적인 측면에서 도입된 것으로 사용자에겐 인센티브 부여 및 종업원에게는 발명의 유인을 위한 정책적인 결과다.[140]

3 무체정보

발명은 정보에 관한 것으로 무체물이며 무주물이라는 견해이다. 민법에서의 소유권은 유체물의 경우에만 적용이 가능하므로 특허에 적용되지 않는다는 견해다.[141] 그럼에도 특허법에서 특허받을 권리를 인정하는 것은 노동법보다 특별법인 특허법을 우선적용하여 가능하다는 견해다.[142]

---

140 島並良, "從業者発明制度の理論的基礎", 『Law & Technology』, No.27(2005.4), 115면.

141 帖佐隆, "職務発明の原始的帰属と対価請求権", 『パテント』, Vol.66 No.13(2013), 64면.

142 土田道夫, "職務発明と労働法", 『ジュリスト』, No.1302(2005.12.1), 99면.

4 저작권법

직무상 창작의 경우, 저작권법에서는 저작권 등의 권리가 사용자 측에 귀속되고, 그에 대한 별도의 보상은 통상 지급되지 않으므로, 특허법의 직무발명과 저작권법의 직무상 창작의 취급은 서로 다르다.[143] 이와 관련하여 노동행위의 대가로 지급하는 임금과 직무발명의 보상금은 성격이 다르며, 저작권은 직무발명에 비하여 약한 권리이므로 보상금 청구권이 없다. 또한 직무상 저작물은 사용자의 지시에 의한 창작으로 창작의 개성이 없어지나, 이에 반하여 직무발명의 경우, 동일 발명을 다른 방식으로 표현할 여지가 없다는 점 및 회사 내의 기술직을 역차별할 수 있다는 점을 들어 저작권법과의 차이를 설명한다.[144] [145]

5 발명의 실시 장려 유인

과거(1909년) 일본 특허법 제3조에서는 특허를 받을 권리가 사용자에게 원시적으로 귀속되어 있었다. 이는 그 당시의 기술이 주로 기술도입과 개량에 의존하고 있으므로, 기업이 공헌하는 바가 큰 결과로

143　高林龍, 앞의 책(주 136).

144　潮海久雄, "職務発明制度における対価請求権の変容─独占主義から特別給付主義へ─および職務著作制度との均衡, 創作者の保護と知的財産の活用の相剋", 『日本工業所有権法学会年報』, 第29号(2006), 170면.

145　帖佐隆, 앞의 글(주 141), 72-75면.

해석된다.[146] 그러나 자본주의가 발달한 현재의 경제에서 특허의 독점적 지위를 이용한 특허발명의 실시가 중요하므로, 직무발명제도를 발명의 실시를 장려하는 요소로서 보아야 한다는 견해이다. 실시 장려 입장에서 보면 직무발명에 관한 사용자의 위험 부담 및 복잡한 권리 이전 대신에 사용자 측에게 권리의 원시귀속을 제안했다.[147]

6 특허받을 권리가 종업원에게 원시적 귀속 시 장단점

특허를 받을 권리가 발명자인 종업원에 원시적으로 귀속되는 경우, 사용자는 해당 권리를 선별적으로 취득이 가능하다는 장점과 대가의 홀드 업 문제(협상 가격의 상승)가 발생하는 단점이 있다.[148] [149] 한편, 종업원의 입장에서는 대가 청구를 안정적으로 할 수 있다는 장점 및 직무발명의 이중양도에 의한 권리의 불안정을 초래하는 단점도 있다.

7 특허받을 권리의 소결

이상을 종합하면, 특허받을 권리는 자연권론적 관점에서 발명자에

---

146 熊谷健一, "職務発明制度に関する考察", 大渕哲也, 中山信弘, 相田義明(編), 片山英二先生還暦記念論文集「知的財産法の新しい流れ」, 青林書院, 2010, 251면.

147 紋谷暢男, "従業者発明とその帰属—発明者主義と使用者主義", 『CIPIC ジャーナル』, Vol.129(2002.10), 20면.

148 島並良, 앞의 글(주 139), 119면.

149 島並良, 앞의 글(주 140), 116면.

게 속하게 되며, 이를 반영한 규정은 2004년 개정 일본 특허법과 우리나라의 2013년 개정 발명진흥법이 해당한다. 한편, 2015년 개정 일본 특허법과 같이 자원의 합리적 분배 및 현재 경제 사회에서의 발명의 실시를 위해서, 인센티브 관점에서 사용자에게 특허받을 권리를 정책적 관점에서 부여하는 것도 가능하다. 두 경우 모두 정책적인 측면의 결정으로 노동법 및 직무상 저작과 그 성격을 달리하는 것을 알 수 있다.

대가의 성질에 관하여

2004년 개정 일본 특허법과 우리나라의 2013년 개정 발명진흥법에서는, 직무발명에 관한 특허받을 권리는 발명자인 종업원에게 원시적으로 귀속되었으며, 이를 사전의 계약 등에 의하여 사용자에게 권리를 승계할 수 있으며, 이에 따른 대가(보상)를 지불하는 구조를 취하고 있다. 2015년 개정 일본 특허법에서는, 사전의 계약 등에 의하여 사용자가 특허받을 권리를 원시적으로 취득하는 것도 가능하게 되었다. 이러한 개정으로 인한 대가(보상)의 성질에 어떠한 영향이 있는지 다음의 1~4에서 살펴본다.

1 임금

특허받을 권리의 이전에 대한 대가(보상)를 임금으로 보는 견해에 대하여, 임금은 노동 성과에 주는 것이 아니라 노동 행위에 대하여 주는 것이므로, 그 성격을 달리한다.[150] 또한 임금은 노동법상의 보호이며, 직무발명은 특허법상의 보호이므로 별개이다.[151]

2 사용자와 종업원 간의 균형

종업원은 발명을 단독으로 실시할 수 없으며, 종업원이 사용자에게 양도를 거부하는 것도 부당하게 된다. 권리 승계는 일방적일지라도 그 대가(보상)는 합당한 금액으로 결정되므로, 사용자와 종업원 사이에 균형을 취하게 된다.[152]

3 약정 채권

특허를 받을 수 있는 권리는 일종의 재산권에 해당하며, 이를 사용자에게 승계 후 이에 대한 대가를 받는 것은 일종의 채권 양도에 해당한다.[153] 리스크를 포함하는 이익의 균형 관점에서 볼 때, 대가의 사후 변동분의 추가 지급도 가능한 것으로 판례가 인정하므로, 이는 자

---

150 潮海久雄, 앞의 글(주 144).

151 帖佐隆, "職務発明制度の平成16年法改正後の運用について", 『特許研究』, No.54 (2012.9), 13면.

152 美勢克彦, "職務発明の要件と効果について", 牧野利秋, 飯村敏明, 三村量一, 末吉亙, 大野聖二(編), 知的財産法の理論と実務第1卷, 新日本法規出版株式会社, 2007, 322면.

153 飯田秀郷, 앞의 글(주 137), 534면.

유 계약에 의한 약정 채권의 성격을 갖는다.[154]

4 법정 채권

특허법에 규정된 법정 채권으로, 대가(보상)는 산업 발달을 위한 발명의 인센티브로 해석된다.[155] 그러므로 사용자에게 특허받을 권리를 양도하는 것에 대하여 대가를 지급하는 것은 종업원 등이 한 창작에 인센티브를 제공하는 것이다.[156]

한편 고용제도하에서의 인센티브의 경우, 이론적으로는 사후적 추가 지급은 하지 않아도 되나, 추가적인 발명의 유인을 위해 추가 지급도 가능하다.[157] [158] 대가 청구권의 소멸시효를 다룬 일본의 판례에서 대가 청구권의 소멸시효를 법정 채권에 관한 10년으로 판시한 점으로부터 대가의 청구는 법정 채권으로 사료되나, 다른 급여 관련 청구권에 비하여 지나치게 길다는 비판도 있다.[159]

---

154 島並良, "職務発明対価請求権の法的性質(上)", 『特許研究』, No.39(2005.3), 26면.

155 島並良, 앞의 글(주 154), 27면.

156 相澤英孝, "特許法35条の改正がもたらしたもの", 『ジュリスト』, No.1279(2004.11.15), 122면.

157 松岡政博, "実務の立場から", 『ジュリスト』, No.1302(2005.12.1), 114면.

158 島並良, 앞의 글(주 154), 29면.

159 飯塚卓也, "職務発明にかかわる未解決の問題点", 『パテント』, Vol.64 No.9(2001) 72면.

5 대가의 성질에 관한 소결

2015년 개정법에서의 특허받을 권리 및 그 대가에 관한 일본 특허법 제35조제3항에서 특허받을 권리를 사용자가 원시 취득하는 것도 가능하게 되었으며, 또한 제35조제4항에서는 '상당한 대가'에서 '상당한 이익'으로 개정되었으므로, 상기의 개정 일본 특허법은 특허받을 권리의 대가를 인센티브로 명확히 한 것을 알 수 있다.[160] 한편 우리나라의 경우, 2013년 개정 발명진흥법 제15조 제1항의 대가에 대하여, '정당한 보상'으로 하고 있는바, 법개정에 상관없이 인센티브를 나타내고 있다.[161]

---

160 飯塚卓也, "職務発明制度改正案への評価と提案－ガイドライン策定に向けた予備的考察",『判例タイムズ』, No.1413(2015.8), 39면.
161 발명진흥법 제15조 제1항
   종업원 등은 직무발명에 대하여 특허 등을 받을 수 있는 권리나 특허권 등을 계약이나 근무규정에 따라 사용자 등에게 승계하게 하거나 전용실시권을 설정한 경우에는 정당한 보상을 받을 권리를 가진다.

대가의 합리성에 관하여

특허받을 권리의 승계에 관한 대가에 대하여, 사용자가 일방적으로 결정한다는 문제점과 재판에 의한 결정은 예측가능성이 낮다는 문제점으로부터 2004년 개정 일본 특허법(제35조 제4항)에서는 이른바 프로세스 심사 조항이 도입되었으며, 이후에도 계속되고 있다.[162] 프로세스 심사에서의 불합리성은 그 해석상 절차의 불합리성뿐만 아니라 대가의 불합리성도 포함될 수 있다. 이에 대하여 절차의 부족을 채우고 남을 만한 보상이라면 예외적으로 인정되어야 한다는 견해가 있어, 이는 절차의 불합리보다는 대가의 불합리가 우선된다는 것을 알 수 있다.[163]

---

162 横山久芳, 앞의 글(주 135), 106-112면.

163 愛知靖之, "職務発明規程の「不合理」性判断 ——「実体面」をどこまで考慮することが可能か", 『Law & Technology』, No.71(2016.4), 6면.

한편, 대가의 합리성 심사와 관련하여, 특허법상의 규정이 아닌 노동법을 기반으로 하는 임금체계에 관한 프로세스 심사를 도입한 것이 타당한 것인가에 관한 의문을 제시하기도 한다.[164]

---

164 帖佐隆, 앞의 글(주 151).

대가의 산정에 관하여

1 대가 산정 기준

만일 직무발명이 없다면 종업원들은 적당히 수동적으로 일하거나 혹은 더 좋은 보수를 주는 곳으로 회사를 옮기게 된다. 즉, 이는 사회적 유동성과 관련됨을 알 수 있다. 한편, 직무발명제도를 법제화한 경우, 과대 보상 또는 과소 보상이 문제가 될 수 있다.[165]

그러나 우리나라와 일본의 직무발명에 대한 대가(보상)는 법적으로 정해져 있으며, 대가의 성격을 인센티브로 보는 양국의 입장에서 대가의 산정은, 사용자와 종업원의 합계 인센티브의 총합을 최대화하기 위해 노력해야 할 것이며, 이는 실무적으로 사용자 또는 종업원의 공헌

---

[165] 최승재, "직무발명제도에 대한 경제학적 접근", 한국특허법학회 편, 직무발명제도 해설, 법문사, 2015, 109-110면.

도를 조절하여 달성하는 것으로 볼 수 있다.[166][167]

　대가 산정의 기초가 되는 것으로 두 나라 법에서 모두 '그 발명에 의한 사용자가 얻을 이익'으로 평가하고 있다.[168][169] 한편, 특허법 해석상 일본 특허법 제35조의 '상당한 대가'는 권리의 가치를 확인한 것이므로 사용자가 얻은 이익 그 자체가 상당한 이익은 아니며, 그 가치의 평가가 필요하다.[170] 한편, 실무상 승계 시 가치 평가가 곤란하므로 발명의 실시 실적을 근거로 산정하게 되어 이른바 '실시 보상'이 주가 된다.[171]

　발명의 완성부터 특허설정 등록 이후 과정까지를 고려하면, ① 발명의 완성, ② 특허출원, ③ 출원공개, ④ 설정등록 및 ⑤ 이후의 실시 단계로 나눌 수 있다. 발명의 승계 시점을 상기의 ①~⑤의 기준에 맞추어 대가를 고려하면, 2004년 개정 일본 특허법 및 우리나라의 2013년 개정 발명진흥법의 승계 규정은 늦어도 ②단계의 특허출원이 완료

166　윤선희, "직무발명 보상금 산정기준에 대한 연구", 『산업재산권』, No.36(2011.12), 87면.
167　윤선희, "발명진흥법 제15조 제3항에 있어서의 직무발명 보상금 산정 요소에 대한 연구", 『저스티스』, No.129(2012.4), 151면.
168　일본 특허법 제35조 제7항에서 「その発明により使用者等が受けるべき利益の額」
169　발명진흥법 제15조 제6항에서 "그 보상액이 직무발명에 의하여 사용자등이 얻을 이익"
170　横山久芳, "職務発明における 「相当の対価」の基本的考え方", 앞의 책(주 139), 83-84면.
171　竹田稔, 松任谷優子, 『知的財産権訴訟要論(特許編)』, 発明推進協会, 2017, 436면.

된 경우, 승계가 일어난 것으로 볼 수 있다. 한편, 사용자에게 원시적 귀속이 가능한 2015년 개정 일본 특허법에 의해서는 ①단계의 발명의 완성 시에 권리의 승계가 이루어진 것으로 볼 수 있다.

원칙적으로는 승계 시점을 기준으로 하여 대가가 고려되어야 하나, 실무적으로는 ②단계에서의 출원보상, ④단계에서의 등록보상 및 ⑤ 단계에서의 실시보상 등으로 나누어 보상하고 있으며, 이 중 ⑤단계 에서의 실시보상이 주를 이루게 된다. 한편, 설정등록 이전(③과④의 사이)의 보상은 보상이 있는 경우와 없는 경우로 나뉘며, 설정등록 전 은 완전한 독점실시권이 아니라는 점에서 보상이 있더라도 설정등록 후 실시이익의 1/2 한도에서 이루어진다.[172][173]

그러므로 실질적 보상은 ②,④,⑤단계에서 보상이 이루어지며, 2015년 개정 일본 특허법으로 인하여 사용자로의 권리 승계가 ①단계 의 발명의 완성시에 권리의 승계가 이루어졌다 하더라도 현재의 실무 적 보상 체계에서는 큰 변화가 없을 것으로 사료된다. 다만, ①단계와 ②단계 사이에서 일어날 수 있는 이른바 홀드 업 문제와 발명자에 의 한 이중양도 문제는 근본적으로 해결된 점 및 대가의 평가에 관한 주 도권이 사용자에게 넘어간 것은 분명하다.

---

172 윤선희, "직무발명에 있어서의 보상제도", 『법조』, Vol.590(2005.11), 49면.
173 君嶋祐子, "職務発明の対価の算定にあたって考慮すべき使用者等の利益", 앞의 책(주 139), 99-103면.

2 대가 산정 방식

보상금 산정방식의 가장 일반적인 형태로 '사용자가 얻을 이익액(독점이익)'에 '발명자의 공헌도' 또는 '1-사용자의 공헌도'를 곱하는 형식이 고려된다.[174] 사용자가 얻을 이익액, 즉 독점이익은 타사의 실시 금지로 얻게 되는 이익으로, 이를 사용자가 받을 이익액으로 간주한다. 한편, 타사에게 실시 허락을 한 경우에는 예상되는 매출액과 비교하여 이를 상회하는 초과이익으로도 생각할 수 있으며, 대부분 이익 구조가 같다는 가정하에 '매출액×실시료율=초과이익'으로 고려할 수 있다. 여기엔 직무발명에 따른 무상실시권이 포함되어 있으므로, 1/2~1/3을 다시 곱하기도 한다.[175]

그러나 이와 같은 계산방식은 법문에 규정된 것이 아니며, 특허침해에 따른 보상금과 유사한 체계를 갖는다는 점에서 비판이 있다.[176] 또한 상당한 이익 및 발명의 대가는 법원에서 결정될 문제가 아니며, 법원에 의한 상당한 이익에 관한 사법심사는 절차에 한정되어야 하며, 또한 특허를 받을 권리와 대가는 대가 교환의 원칙에 있는 것이 아니므로, 시장 가치와 달리하는 것이라고 한다.[177] [178]

---

174 윤선희, 앞의 글(주 167), 144면.
175 윤선희, 앞의 글(주 172), 39-44면.
176 조영선, 앞의 책(주 118), 212면.
177 高橋淳, 앞의 글(주 127), 28면.
178 윤선희, 앞의 글(주 172), 36면.

그럼에도 불구하고 사용자가 얻을 이익액에 공헌도 등을 곱하는 형식은 판례에서 자주 인용되고 있으며, 이러한 계산 방식에 의해 막대한 비용의 대가가 산정되기도 한다.[179] 이러한 대가 방식에 대한 비판으로 약한 발명과 강한 발명을 나누어 보상하자는 견해와 독일식의 이른바 슬라이드 방식의 3단계 보상을 하자는 주장도 있으나, 이와 같은 스텝별 보상 방식은 이른바 역선택에 의하여 실제 가치가 정해진 금액보다 작은 발명만을 할 우려도 있다.[180] [181] [182]

3 공헌도에 대한 논의

앞에서 대가(보상)는 '사용자가 얻을 이익액(독점이익)'에 '발명자의 공헌도' 또는 '1-사용자의 공헌도'를 곱하여 결정한다고 하였으나, 여기에 공유발명에 대한 지분 등 그 외 조정률 등이 추가로 곱해지는 형식을 취할 수 있다.[183] 한편, 발명자의 공헌도와 관련하여 우리나라의 판례에서는 10~30%가 인정되고 있으며, 일본의 판례에서는 5~10%가 인정되는 것으로 보고된다.[184]

---

179 島並良, "東京高裁の「考え」を読む", 『ジュリスト』, No.1286(2005.3.15), 78-81면.
180 玉井克哉, "日本の職務発明制度—現在と将来", 『AcTeB Review01』(2002), 31면.
181 윤선희, "발명진흥법 제15조 제2항에 따른 직무발명 보상에 관한 검토", 『법조』 Vol.667(2012.4), 185-187면.
182 최승재, 앞의 글(주 165), 112면.
183 島並良, 앞의 글(주 140), 119면.
184 박태일, "발명의 완성에 사용자와 종업원이 공헌한 정도", 한국특허법학회 편, 직

그러나 발명자의 공헌도가 비교적 낮게 평가되는 일본의 경우(발명자의 공헌도를 가장 낮은 5%로 가정하더라도)에도, 기업의 영업 이익률이 대략 5%인 것에 비하여, 지나치게 높은 것이 아닌가라는 비판도 있다.[185]

공헌도와 관련하여, 올림푸스 광학공업 판결을 살펴보더라도 사용자의 기여도가 왜 95%로 인정되는지 알 수 없으며, 니치아 사건의 1심에서의 종업원 기여율이 50%에서 화해 당시 5%로 인정되었는지, 과거의 예를 참고하더라도 공헌도를 예측하는 것은 어렵다.[186][187] 이에 대하여 사용자와 종업원의 이익 균형과 발명의 장려를 위하여 유연하게 해석해야 한다는 견해가 있으나, 그 변화폭이 심하므로 실무상의 해결책은 되지 못한다.[188]

이에 대하여 예측 가능성을 높이면서도 기업의 경영 활동에 지장을 주지 않는 공헌도 계산 방식을 제안하고자 한다. 기업에서 종업원의 기여(공헌)는 여러 가지 방식으로 평가될 수 있으나, 가장 대표적인 것이 해당 종업원의 급여(임금)로 평가될 수 있다. 예를 들면, 회사 내에서 사원으로서 회사에 기여하는 바와 과장으로서 회사에 기여하는 바

무발명제도 해설, 박영사, 2015, 270-271면.

185 윤선희, 앞의 글(주 167), 156면.
186 平成13年(受)1256号.
187 島並良, 앞의 글(주 179).
188 橫山久芳, 앞의 글(주 114), 59면.

는 그 지위에 따라 차이가 있는 것은 물론이고, 객관적으로는 임금의 차이가 회사가 평가한 사원과 과장의 공헌도의 차이라고도 볼 수 있다. 우리나라와 일본 양국은 대가의 성질에 관하여 인센티브의 관점을 취하고 있으며, 실제 회사에서의 인센티브는 종업원의 급여를 기준으로 책정된다. 또한 임금체계에 관한 프로세스 심사가 직무발명의 규정에 반영되어 있으므로, 법적인 정합성에도 특별한 문제가 없다. 그러므로 직무발명에 관한 해당 종업원의 공헌도는, 발명 당시의 회사전체의 임금에서 해당 종업원이 차지하는 임금의 비율로 산정하는 것을 제안한다. 이러한 산정 방법은 어디까지나 최소한의 공헌도를 산정하는 것으로, 아직 보상 규정을 갖지 못한 기업에 참고가 되었으면 한다.

한편, 직무발명은 임원의 발명도 포함하고 있으므로, 임원의 경우 일반 사원과 비교하여 급여를 포함하여 많은 것을 누리고 있으며, 임금 비율로 공헌도를 계산하더라도 그 비율이 높게 나올 수 있다. 또한 임원(특히 경영진)의 경우, 본인의 직무발명관련 보상을 유리하게 할 수도 있다. 그러므로 임원의 발명에 대해서는 예를 들면 임원회의 또는 주주총회 등의 안건으로 처리함이 바람직할 것이다.[189]

---

189 荒井章光, "対価(利益)請求の要件", 高部眞規子(編), 特許訴訟実務, 第2版, 商事法務, 2017, 483면.

외국에서 특허받을 권리 및
준거법에 관하여

1 일본에서의 논의

외국에서 특허받을 권리와 관련된 사건[平成16年(受)第781号, 통칭 HITACHI 사건]에 대하여, 일본 최고재판소는 섭외적인 법률관계의 처리에 있어 1차적으로 당사자의 의사에 따를 것이며, 당사자의 묵시적 동의에 의해 일본법을 유추 적용할 수 있다고 하였다.[190] 이 판결에 의하면, 외국에서 발생한 특허권 자체의 취급과 외국 특허에 의한 대가의 양도를 구별하여 취급하므로, 특허권의 취급은 각국 법에 의하지만, 대가의 양도는 일본 법례(法例) 제7조에 의한 채권양도가 된다고

---

190 末吉亘, "職務発明たる 「外国の特許を受ける権利」承継対価の準拠法", 앞의 책 (주 137), 546면.

판단하였다.[191] 한편, 당사자 합의에 의한 외국법 선택은 제도의 회피 목적으로 악용될 수 있으므로, 현저한 부당성이 있는 경우, 공서양속 위배로 보는 것이 타당하고 하였다.[192]

또한 사용자와 종업원의 국적이 상이한 경우, 밀접한 관련지로 선택 하자는 의견, 직무발명을 꼭 약자 보호로만 볼 수 없으므로 당사자 간 의 자유선택에 맡기자는 의견 및 국제사법의 조리에 따라 종업원의 노 무 제공지로 함이 바람직하다는 의견이 있다.[193] [194] [195]

대가 청구와 관련하여, 실제로 1개의 발명에서 기인한 것이므로 2004년 개정 일본 특허법 제35조 제3항 및 제4항의 유추적용이 가능 한 것으로 하였다.[196] 이에 대하여, 종업원 보호를 위한 직무발명제도 및 그 대가 산정방식이 나라마다 다르므로 속지주의가 아닌 고용계약 의 체결지로 하자는 주장 및 외국에서 특허받을 권리를 법정채권설 입 장에서 본다면 일본 특허법의 규율 대상이 아니므로, 대가 산정의 대 상이 되지 않는다는 비판이 있다.[197] [198]

---

191 中吉徹郎, "重要判例解說",『Law & Technology』, No.35(2007.4), 84-87면.
192 飯塚卓也, 앞의 글(주 159), 78면.
193 飯塚卓也, 앞의 글(주 159), 79면.
194 橫山久芳, 앞의 글(주 114), 60면.
195 小泉直樹, "特許法三十五条の適用範囲",『民商』, 128卷4・5(2003), 574-575면.
196 飯塚卓也, 앞의 글(주 159), 78면.
197 小泉直樹, 앞의 글(주 195), 576면.
198 島並良, 앞의 글(주 140), 118면.

2 우리나라에서의 논의

직무발명인 우리나라의 특허권에 기초하여 외국출원을 한 특허에 대해서도 사용자에게 통상실시권이 인정되는지에 관한 사건(대법원 2015.1.15. 선고 2012다4763 판결)에 대하여, 대법원은 우리나라에서 완성된 직무발명을 기초로 한 외국 특허로서, 해당 외국 특허권의 효력을 제한하는 것이 아니므로, 우리나라가 관할권을 갖는다고 하였다. 또한 대법원은 직무발명에 적용되는 섭외적인 법률관계는 근로계약의 준거법에 의한다고 판시하고, 피고가 일상적으로 노무를 제공하는 곳이 우리나라이므로 국제사법 제28조에 의해 우리나라의 법을 적용하였다. 그 결과 외국 특허권에 대한 통상실시권을 인정하였다.

한편 이 판결에 대하여, 직무발명에서의 종업원은 근로기준법상 근로자보다 넓은 개념이므로 직무발명의 기초가 되는 계약은 근로계약이 아닌 고용계약으로 보아야 하며, 고용계약도 채권계약인 이상 일반계약으로 봄이 타당하다는 비판이 있다.[199]

3 외국에서 특허받을 권리 및 준거법 소결

상기에 기재한 바와 같이 외국에서 특허받을 권리에 대하여 우리나라와 일본이 적용한 준거법의 근거에는 차이가 있으나, 결과적으로는

---

199 문선영, "직무발명에 관한 섭외적 법률관계의 준거법", 한국특허법학회 편, 직무발명제도 해설, 박영사, 2015, 335-346면.

양국의 직무발명의 규정을 유추 적용하였다. 그 결과 일본의 경우, 상기의 최고재판소 판례[平成16年(受)第781号]와 2015년 개정 일본 특허법을 고려하면, 외국에서 특허받을 권리에 대한 대가도 상당한 이익의 대상이 되며, 가이드라인이 적용될 가능성이 있다. 이는 인센티브 다양화에 의해 사용자 측은 보상 방식에 다양화를 기할 수 있다.

이에 비하여 우리나라의 경우, 상기의 대법원 판례와 2013년 개정 발명진흥법을 고려하면, 외국에서 특허받을 권리도 프로세스 심사의 대상이 되는 것을 알 수 있다. 만일 내수 시장보다는 해외 수출에 의한 수익이 많은 기업이라면, 이에 따른 직무발명 보상금은 차이가 있을 것으로 사료된다.

제3장 직무발명을 바라보는 두 개의 시선

결 론

이른바 프로세스 방식을 채택하고 있는 두 나라의 직무발명 관련 제도의 공통점 및 이후 개정에 의해 나타난 차이점에 대하여 살펴보았다. 일본의 경우, 2015년 개정 특허법에 의해 상당한 이익으로 인센티브의 다양화 등을 목표로 기업의 이노베이션 향상에 역점을 두는 개정이 되었으며, 우리나라의 경우, 2013년 개정 발명진흥법을 통하여 직무발명과 관련된 종업원의 권리를 보다 강화하는 방향으로 개정되었다.

특허받을 권리의 원시귀속과 관련하여, 종업원 또는 사용자에게 원시적 권리 귀속이 가능하며, 이는 종업원과 사용자 모두의 인센티브를 최대화하는 방향으로 함이 바람직하다. 한편, 권리의 대가에 관한 공헌도에 있어서, 우리나라 법원에서 인정되는 종업원의 공헌도가 일본의 공헌도에 비해 2배 이상임을 알 수 있었다. 그러나 이 또한 예측 가능성이 낮으므로, 종업원의 임금에 기초한 공헌도를 제안하는 바이다.

외국에서 특허받을 권리 및 준거법에 관하여, 법원의 판례와 현재 직무발명제도의 규정을 고려하면, 일본의 경우, 외국에서의 특허받을 권리의 대가 또한 상당한 이익의 대상이 되며, 우리나라의 경우, 국내 권리와 마찬가지로 프로세스 심사의 대상이 됨을 알 수 있었다.

통상 한정된 예산으로 직무발명의 보상금을 사용하는 기업의 입장에서 큰 발명에 의해 소수의 연구자에게 많은 보상을 하는 것이 좋을지, 아니면 적은 보상이라도 보다 많은 연구자에게 지급되는 것이 좋을지는 각 기업 또는 나라의 선택에 달린 문제이므로, 각자 조금은 다른 길로 접어든 두 나라의 직무발명의 미래가 궁금하다.

〈단행본〉

전기억, 이원일, 김종선, 『특허부자들』, 타커스, 2015.

조영선, 『특허법2.0』, 박영사, 2018.

한국특허법학회 편, 직무발명제도 해설, 박영사, 2015.

中山信弘, 『特許法』, 第3版, 弘文堂, 2016.

中山信弘, 斉藤博, 飯村敏明(編), 牧野利秋先生傘寿記念論文集「知的財産権法理と提言」, 青林書院, 2013.

高林龍, 『標準特許法』, 第6版, 有斐閣, 2017.

高林龍, 『著作権法』, 第3版, 有斐閣, 2016.

相澤英孝, 大渕哲也, 小泉直樹, 田村善之(編), 知的財産法の理論と現代的課題, 弘文堂, 2005.

大渕哲也, 中山信弘, 相田義明(編), 片山英二先生還暦記念論文集「知的財産法の新しい流れ」, 青林書院, 2010.

牧野利秋, 飯村敏明, 三村量一, 末吉亘, 大野聖二(編), 知的財産法の理論と実務 第1巻, 新日本法規出版株式会社, 2007.

竹田稔, 松任谷優子, 『知的財産権訴訟要論(特許編)』, 発明推進協会, 2017.

高部眞規子(編), 特許訴訟実務, 第2版, 商事法務, 2017.

〈학술지〉

윤선희, "직무발명 보상금 산정기준에 대한 연구", 『산업재산권』, No.36(2011.12).

윤선희, "발명진흥법 제15조 제3항에 있어서의 직무발명 보상금 산정 요소에 대한 연구", 『저스티스』, No.129(2012.4).

윤선희, "직무발명에 있어서의 보상제도", 『법조』, Vol.590(2005.11).

윤선희, "발명진흥법 제15조 제2항에 따른 직무발명 보상에 관한 검토", 『법조』 Vol.667 (2012.4).

横山久芳, "職務発明制度をめぐる法改正とその後の動き", 『ジュリスト』No.1326(2007.1.1-15).

横山久芳, "職務発明制度の見直しに係る平成27年特許法改正法案の検討", 『Law & Technology』, No.68(2016.7).

横山久芳, "特許法学の立場から", 『ジュリスト』, No.1302(2005.12.1).

鎌田純一, 吉川幹晃, "職務発明制度の見直し—特許法等の一部を改正する法律案", 『立法と調査』, No.364(2015.5).

高橋淳, "職務発明における「相当の利益」", 『ジュリスト』, No.1488, (2016.1).

田村善之, 柳川範之, "職務発明の対価に関する基礎理論的な研究", 『民商』, 128巻 4・5(2003).

井上由里子, "平成27年職務発明制度改正", 『特許研究』, No.60, (2015.9).

島並良, "従業者発明制度の理論的基礎", 『Law & Technology』, No.27(2005.4).

島並良, "職務発明対価請求権の法的性質(上)", 『特許研究』, No.39(2005.3).

島並良, "東京高裁の「考え」を読む", 『ジュリスト』, No.1286(2005.3.15).

帖佐隆, "職務発明の原始的帰属と対価請求権", 『パテント』, Vol.66 No.13(2013).

帖佐隆, "職務発明制度の平成16年法改正後の運用について", 『特許研究』, No.54(2012.9).

土田道夫, "職務発明と労働法", 『ジュリスト』, No.1302(2005.12.1).

潮海久雄, "職務発明制度における対価請求権の変容—独占主義から特別給付主義へ—および職務著作制度との均衡, 創作者の保護と知的財産の活用の相剋", 『日本工業所有権法学会年報』, 第29号(2006).

紋谷暢男, "従業者発明とその帰属—発明者主義と使用者主義", 『CIPIC ジャーナル』, Vol.129 (2002.10).

相澤英孝, "特許法35条の改正がもたらしたもの", 『ジュリスト』, No.1279(2004.11.15).

松岡政博, "実務の立場から", 『ジュリスト』, No.1302(2005.12.1).

飯塚卓也, "職務発明にかかわる未解決の問題点", 『パテント』, Vol.64 No.9(2001).

飯塚卓也, "職務発明制度改正案への評価と提案-ガイドライン策定に向けた予備的考察-", 『判例タイムズ』, No.1413(2015.8).

愛知靖之, "職務発明規程の「不合理」性判断―「実体面」をどこまで考慮すること
　　が可能か", 『Law & Technology』, No.71(2016.4).

玉井克哉, "日本の職務発明制度―現在と将来", 『AcTeB Review01』 (2002).

玉井克哉, "特許法の相当対価規定を撤廃し, 当事者間の契約の主体性を重視する
　　べき理由", 『法律文化』, (2004.6).

中吉徹郎, "重要判例解説", 『Law & Technology』,　No.35 (2007.4).

小泉直樹, "特許法三十五条の適用範囲", 『民商』, 128巻 4・5 (2003).

〈인터넷 자료〉

http://news.kbs.co.kr/news/view.do?ncd=3346144

〈연구보고서〉

전성태, 문병호, "일본의 직무발명 제도 개정안 검토 및 시사점", 『ISSUE &
　　FOCUS on IP』, 한국지식재산연구원, 2015.9.25.

〈기타 자료〉

우리나라 출원 통계

〈http://www.kipo.go.kr/kpo/user.tdf?a=user.html.HtmlApp&c=3041&catme
　　nu=m04_05_02〉

일본 출원 통계

〈http://www.jpo.go.jp/shiryou/toushin/nenji/nenpou2018/toukei/0208.pdf〉

일본 평성16년 개정 특허법 해설

〈http://www.jpo.go.jp/seido/shokumu/pdf/shokumu/01.pdf〉

제4장

———

특허간접침해 개정안에 대한 고찰

— 중성물 기여침해의 판단 기준에 관하여

특허 보호의 실효성 및 디지털 환경에서 새롭게 발생하는 침해에 대응하기 위해 간접침해 규정이 새롭게 제안되었다. 개정안에서는 전용품 간접침해 이외에 중성물 기여침해, 정보통신망 이용 기여침해 및 유도침해가 시행될 예정이다. 이 중에서, 중성물 기여침해는 그 요건의 해석상 일본 특허법의 다기능형 간접침해와 유사함을 알 수 있다. 본고에서는 이러한 다기능형간접침해와 관련된 일본의 학설 및 판례로부터 시행 예정인 중성물 기여침해의 판단 기준을 제안한다.

중성물 기여침해에 관한 판단 기준은 중성물이 특허청구범위 안에 기재된 경우와 그렇지 않은 경우로 나누어 고려하고자 한다. 간접침해의 대상이 되는 중성물은 전용품이 아닌 이른바 다기능품에 해당한다. 그러므로 중성물기여침해의 판단 시, 해당 중성물이 특허발명에서 차지하는 경제적 가치뿐만 아니라 시장에서 유통되는 경제적 가치도 함께 고려할 것을 제안한다. 그 결과 중성물이 특허청구범위 안에 기재된 경우, 중성물의 경제적 비중이 특허발명의 대부분을 차지한다면, 해당 특허발명의 특허권 소진도 함께 고려할 수 있다. 또한 시장에서의 경제적 가치가 비교적 낮은 중성물은 간접침해에서 제외되어 제3자의 이용이 가능하다.

한편, 중성물이 특허청구범위 이외에 기재된 경우, 선의의 피해자 발생 및 사후 법원에 의한 구제를 억제하기 위하여 독립설에 의한 간접침해 판단은 재검토가 필요하다.

I

서 론

특허권이란 발명을 공개하는 대가로 그 발명의 출원인에게 독점배타권을 인정해 주는 제도이다. 만일 사용자가 해당 특허권에 대하여 실시권 등의 정당한 권원 없이 무단으로 실시하게 된다면, 이는 특허권 침해에 이르게 된다. 특허권은 정당한 권원 없는 무단승차(free-riding)를 금지하는 권한을 발명의 공개에 대한 대가로서 인정하는 제도이다.[200]

기본적인 특허권 침해(직접침해)는 특허청구범위에 기재된 구성요소 전부를 무단으로 실시하는 경우에 해당한다. 만일 특허청구범위에 기재된 구성요소 중 일부(예로서 구성요소 중 1개만 실시하는 경우)만 실시하는 경우에도 특허권의 침해라 할 수 있을까? 해당 구성요소를 실시할 때, 필연적으로 전체 구성을 실시할 수밖에 없다면 이는 특허권 침해의 개연성이 크게 되므로, 특허권 침해에 이르지 않도록 예방하는

---

200 田村善之, "特許法における発明の「本質的部分」という発想の意義", 『日本工業所有権法学会年報』, 第32号(2008), 82면.

것이 특허권의 보호일 것이다.[201]

일본에서는 특허권 침해의 개연성이 높은 예비적 행위 내지 방조적 행위에 대하여 침해로 보는 규정을 이른바 간접침해로 정의한다.[202] 특허권 침해의 개연성이 큰 일부 구성은 전용품(專用品)으로서 '~에만' 사용되는 것을 전제로 하여 간접침해의 객관적 요건으로 고려된다.[203] 이와 같은 간접침해 규정을 엄격하게 적용하게 되면, 간접침해의 적용대상이 거의 없게 되며, 모듈화된 소프트웨어(프로그램관련 발명)의 경우, 전용품 이외의 다른 용도를 갖게 되므로, 간접침해의 적용이 곤란하게 된다. 이를 위해 일본은 2002년에 다기능형(多機能型) 간접침해 규정을 도입하였다.[204]

한편, 전용품 이외의 간접침해물품에 대하여 간접침해의 책임을 물을 수 없는 것과 관련하여 국내에서도 문제점이 꾸준히 제기되어 왔으며, 특허청은 공청회를 개최하는 등 간접침해와 관련된 논의가 진행되어 왔다.[205][206]

---

201 青山紘一, 『特許法』, 第七版, 法学書院, 2005, 27면.
202 中山信弘, 『特許法』, 第3版, 弘文堂, 2016, 431면.
203 田村善之, 『知的財産法』, 第5版, 有斐閣, 2010, 258면.
204 中山信弘, 앞의 책(주 202), 436면.
205 대한민국 정책브리핑
   〈http://www.korea.kr/policy/pressReleaseView.do?newsId=1 56292038〉, 검색일: 2019. 7. 12.
206 특허청 블로그
   〈https://blog.naver.com/kipoworld2/221351319100〉, 검색일: 2019. 7. 12.

이와 관련된 특허법 일부개정법률안(이하 '특허법 개정안'이라 함)을 살펴보면, 그중 중성물 기여침해는 그 요건의 해석상 일본의 다기능형 간접침해 규정과 유사하다.[207] 그러므로 이 장에서는 일본의 다기능형 간접침해 규정 및 이에 관한 학설, 판례를 분석하여, 향후 국내에서 시행될 중성물 기여침해의 판단 기준을 제공하고자 한다.

---

[207] 이훈 의원 대표발의, "특허법 일부개정법률안(의안번호 2019282)", 국회입법예고, 2019. 3. 18. 제127조(침해로 보는 행위) 다음 각 호의 구분에 따른 행위를 업으로서 하는 경우에는 특허권 또는 전용실시권을 침해한 것으로 본다.

1. 특허가 물건의 발명인 경우: 다음 각 목의 어느 하나에 해당하는 행위

가. 그 물건의 생산에만 사용하는 물건을 생산·양도·대여 또는 수입하거나 그 물건의 양도 또는 대여의 청약을 하는 행위

나. 그 물건의 생산에만 사용하는 전자적 수단을 그 발명이 특허발명이고 그 전자적 수단이 그 발명의 실시에 사용되는 것을 알면서 정보통신망을 이용하거나 전자적 기록매체에 수록하여 제공하는 행위(정보통신망 이용 기여침해)

다. 그 물건의 생산에 사용하는 물건(국내에서 널리 일반적으로 유통되고 있는 것을 제외한다)으로서 그 발명의 과제 해결에 필수적인 물건을 그 발명이 특허발명이고 그 물건이 그 발명의 실시에 사용되는 것을 알면서 생산·양도·대여 또는 수입하거나 그 물건의 양도 또는 대여의 청약을 하는 행위(중성물 기여침해)

2. 특허가 방법의 발명인 경우: 다음 각 목의 어느 하나에 해당하는 행위

가. 그 방법의 실시에만 사용하는 물건을 생산·양도·대여 또는 수입하거나 그 물건의 양도 또는 대여의 청약을 하는 행위

나. 그 방법의 실시에 사용하는 물건(국내에서 널리 일반적으로 유통되고 있는 것을 제외한다)으로서 그 발명의 과제 해결에 필수적인 물건을 그 발명이 특허발명이고 그 물건이 그 발명의 실시에 사용되는 것을 알면서 생산·양도·대여 또는 수입하거나 그 물건의 양도 또는 대여의 청약을 하는 행위(중성물 기여침해)

3. 그 발명이 특허발명인 것을 알면서 특허발명의 실시를 적극적으로 유도하는 행위(유도침해)(상기 괄호안의 법률명 약칭은 특허심사제도과, "4차산업혁명시대에 대응한 특허침해 개정안 공청회 계획", 특허청, 2018. 8, 4면을 참고함. 한편, '중성물'은 '~에만 사용되는 물건(전용품)'과 다른 개념으로, 그 발명의 과제 해결에 필수적인 물건이나 국내에서 널리 일반적으로 유통되는 물건(범용품)은 제외한 것으로 사료됨)

한일 간접침해 규정

1 일본의 간접침해 규정

일본의 현행 간접침해 규정은 특허법 제101조에 정의되어 있으며, 제1호와 제4호에 전용품에 의한 간접침해가 정의되어 있고, 제2호와 제5호에 다기능형 간접침해가 정의되어 있으며, 침해물품의 소지를 간접침해로 보는 규정이 제3호와 제6호에 각각 규정되어 있다. 물건 발명에 대한 규정은 제1~3호이며, 방법발명에 대한 규정은 제4~6호이다.[208]

---

208 일본 특허법 제101조.
　　次に掲げる行為は、当該特許権又は専用実施権を侵害するものとみなす。
　一 特許が物の発明についてされている場合において、業として、その物の生産にのみ用いる物の生産、譲渡等若しくは輸入又は譲渡等の申出をする行為
　二 特許が物の発明についてされている場合において、その物の生産に用いる物（日本国内において広く一般に流通しているものを除く。）であつてその発明による課題の解決に不可欠なものにつき、その発明が特許発明であること及

전용품은 "~에만"의 규정을 통하여 다른 용도를 판단하게 된다. 이러한 다른 용도는 사회통념상 경제적·상업적 내지 실용적 용도를 갖는 것으로서, 사용 가능한 것으로 만족하는 사용가능설과 실제 사용되어야 한다는 사용사실설이 있으나, 실용적인 용도인 이상 현실화가 필요한 것으로 사료되므로, 두 학설의 큰 차이는 없다고 할 수 있다.[209]

특허권 침해에 이를 개연성이 높은 주요한 구성에 대하여 다른 용도가 존재하는 경우에는 간접침해를 물을 수 없다는 지적에 대하여, 일본은 2002년에 프로그램을 물건으로 정의하는 특허법 개정과 특허법 제101조 제2호 및 제5호에 다기능형 간접침해 규정을 도입하였다.[210]

　　びその物がその発明の実施に用いられることを知りながら、業として、その生産、譲渡等若しくは輸入又は譲渡等の申出をする行為
三　特許が物の発明についてされている場合において、その物を業としての譲渡等又は輸出のために所持する行為
四　特許が方法の発明についてされている場合において、業として、その方法の使用にのみ用いる物の生産、譲渡等若しくは輸入又は譲渡等の申出をする行為
五　特許が方法の発明についてされている場合において、その方法の使用に用いる物(日本国内において広く一般に流通しているものを除く。)であつてその発明による課題の解決に不可欠なものにつき、その発明が特許発明であること及びその物がその発明の実施に用いられることを知りながら、業として、その生産、譲渡等若しくは輸入又は譲渡等の申出をする行為
六　特許が物を生産する方法の発明についてされている場合において、その方法により生産した物を業としての譲渡等又は輸出のために所持する行為
[제2호 및 제5호가 '다기능형 간접침해'이며, 국내의 '중성물'에 해당하는 일본 내 용어로 '다기능품(多機能品)'이 사용됨]

209 関根澄子, "特許権の間接侵害", 高部眞規子(編), 最新裁判実務体系第10巻, 知的財産権訴訟Ⅰ, 青林書院, 2018, 209면.
210 青山紘一, 앞의 글(주 201), 28면.

한편, 2006년 개정법에 의해 도입된 일본 특허법 제101조 제3호와 제6호의 침해물품 소지에 관한 간접침해 규정은 구성요소의 일부 실시에 관한 규정과는 성격에 차이가 있으므로,[211] 이곳에서 논의는 생략하겠다.

2 우리나라의 간접침해 규정

우리나라의 현행 간접침해는 특허법 제127조에 규정되어 있으며, 전용품 간접침해에 관한 규정으로 정의되어 있다. 이는 입법 과정에서 독일의 간접침해 규정을 참고한 일본의 입법례를 그대로 도입한 결과로 알려져 있다.[212] 그 결과 우리나라의 간접침해 규정은 현재의 일본 특허법 제101조 제1호 및 제4호의 규정과 실질적으로 동일하다.

한편, 간접침해의 성격과 관련하여, 간접침해라는 이름으로 권리자에게 구제수단을 부여한 것으로 본질적으로는 방조책임이라는 견해[213]와 미국 특허법의 기여책임을 인정한 것이라는 견해[214][215]가 있다.

---

211 角田政芳, 辰巳直彦, 『知的財産法』, 第8版, 有斐閣アルマ, 2017, 167면.
212 강명수, "특허법상 간접침해에 대한 연구", 『법과 정책』, 제17권 제1호(2011), 4면.
213 조영선, 『특허법 2.0』, 박영사, 2018, 360면.
214 정차호, "특허권 간접침해 성립의 직접침해의 전제 여부", 『성균관법학』, 제26권 제3호(2014), 419면.
215 김창화, "특허법상 침해로 보는 행위의 법적 성격에 대한 연구—미국법상 간접침해와의 비교를 중심으로", 『산업재산권』, 제50호(2016), 13면.

3 국내의 학설 및 특허법 개정 동향

최근 국내에서도 특허권 보호의 실효성을 높이고, 디지털 환경이 증가된 현재의 환경에서 특허권 침해에 보다 유연하게 대처하기 위하여 간접침해 규정에 대한 개정이 논의되고 있다.[216][217] 이와 관련된 국내의 학설로서는 전형적인 간접침해 규정을 두면서 일반 유통품에 관한 유인행위를 보충적으로 규제하는 '독일식'안[218]과, 일반규정 도입 시 간접침해행위가 불명료하므로 행위유형을 정의하자는 '일본식'안[219]이 있다. 한편, 우리나라의 간접침해 규정은 특허권 침해(직접침해) 규정과 유사하고, 간접침해 시 직접침해 규정이 그대로 적용되는바, 직접침해의 또 다른 일종이며, 이를 위해 미국의 간접침해 이론을 참고하여 별도의 간접침해를 규정할 것을 제안하기도 한다.[220]

그러나 서론에 기재한 바와 같이, 특허법 개정안에서는 전용품 간접침해규정과는 별도로 일본의 다기능형 간접침해와 유사한 중성물 기여침해를 비롯하여, 정보통신망 이용 기여침해 및 유도침해가 제시되었다.[221] 그러므로 일본의 다기능형 간접침해를 분석함으로써 일본 내

---

216 대한민국 정책브리핑, 앞의 글(주 205).

217 특허청 블로그, 앞의 글(주 206).

218 문선영, "특허권 간접침해 규정의 문제점과 개선방안", 『법학논고』, 경북대학교 법학연구원, 제45집(2014), 577면.

219 신혜은, "특허권 간접침해 규정의 합리적인 해석방안 및 이를 위한 입법적 제언", 『안암법학』, 제45권(2014), 231면.

220 김창화, 앞의 글(주 215), 26면.

다기능형 간접침해의 범위 및 동향을 파악할 수 있음은 물론이며, 향후 국내에서 시행될 중성물 기여침해의 판단 기준을 제공할 수 있다.

---

221 이훈 의원 대표발의, 앞의 글(주 207).

제4장 특허간접침해 개정안에 대한 고찰

간접침해의 독립설과 종속설

1 독립설과 종속설의 일반적 논의

간접침해를 논의하기에 앞서, 간접침해를 주장하기 위해서는 직접 침해의 존재가 필요(종속설)한 것인지, 아니면 간접침해만으로 충분(독립설)한 것인지에 관한 논의를 소개한다. 간접침해의 성격과 관련하여, 간접침해는 특허권의 확장 및 주어진 범위를 넘어서는 특허권자의 보호가 아니며, 이는 단지 특허권의 효과를 정당하게 누리기 위한 것이라는 학설[222] 과 이와는 다르게 간접침해는 특허권의 부가적 효력이라는 학설[223] 이 있다.

또한 일본 내의 학설은 독립설 또는 종속설의 어느 한쪽을 따르기보

---

222 松尾和子, "間接侵害(1)—間接侵害物件", 牧野利秋(編), 裁判実務体系第9巻工業所有権訴訟法, 青林書院, 1985, 261면.
223 吉藤幸朔, 『특허법개설』, 유미특허(역), 제13판, 대광서림, 2005, 520면.

다는 구체적 타당성에 바탕을 두는 절충설을 채택하고 있다.[224] 한편, 국내의 학설은 독립설이 우세한 것으로 알려져 있으나, 독립설과 종속설에 관한 충분한 논의가 있지 않았으며, 국내의 민법 등 다른 법과의 체계에서 종속설이 타당하다는 주장도 있다.[225]

2 간접침해의 적용범위

다음에 제시되는 간접침해의 유형은 독립설 또는 종속설을 지지하는가에 따라 간접침해의 적용을 달리할 수 있다. 이에 대하여, 본래 특허권이 갖는 권능과 실질적으로 등가의 범위에서 간접침해를 판단해야 하며, 독립설 또는 종속설 중 어느 학설을 따르더라도 구체적 타당성에 의해 검토되어야 한다.[226]

(1) 개인적, 가정적 실시

개인적 또는 가정적 실시를 위해 간접침해물품을 제공할 때, 해당 제공자를 간접침해로 처벌할 수 있는지에 대하여, 종속설의 경우 간접

---

224 中山信弘, 앞의 책(주 202), 432면.
225 독립설: (a) 강명수, "특허법 제127조 개정안에 대한 연구", 『지식재산연구』, 제13권 제4호, (2018.12), 18면. (b) 조영선, 앞의 책(주 213), 368면. (c) 신혜은, "특허권의 간접침해와 국제거래에서의 시사점", 『과학기술과 법』, 제7권 제1호(2016), 58면.
  종속설: (d) 정차호, 앞의 글(주 214), 442면.
226 吉井參也, 『特許權侵害訴訟大要』, 發明協会, 1990, 92면.

침해에 해당하지 않으며, 독립설의 경우 간접침해에 해당하게 된다. 긍정하는 학설로는 종속설에 수정을 가해 침해로 보아야 하며, 권리자의 시장 기회를 박탈해서는 안 된다고 한다. 한편, 이를 부정하는 학설로는 특허청구범위로 작성되지 않은 사항을 사후에 용인하게 되므로 인정할 수 없으며, 권리자의 불이익이 경미하므로 일일이 다루기엔 번잡하다고 한다.[227]

(2) 시험, 연구를 위한 실시

시험, 연구를 위해 간접침해물품을 제공하는 경우, 기술 진보를 촉진하기 위한 특허법의 목적에 부합하며, 소극적으로 인정하는 개인적, 가정적 실시와는 다르므로, 특허법의 취지상 간접침해를 부정한다.[228] 그러나 특허권자의 시장 기회를 빼앗는다면 침해라고 주장하기도 한다.[229][230]

---

227 긍정 학설: (a) 荻田英一郎, "間接侵害について", 牧野利秋, 飯村敏明, 三村量一, 末吉亙, 大野聖二(編), 知的財産法の理論と実務第1巻 [特許法[Ⅰ]], 新日本法規出版, 2007, 207면. (b) 小泉直樹, 『特許法・著作権法』, 有斐閣, 2012, 77면.
　　부정 학설: (c) 高林龍, 『標準特許法』, 第6版, 有斐閣, 2017, 182면. (d) 横山久芳, "間接侵害", 『法学教室』, No.343(2009), 157면.
228 (a) 高林龍, 앞의 책[주 227(c)], 182면. (b) 荻田英一郎, 앞의 글[주 227(a)], 208면. (c) 横山久芳, 앞의 글[주 227(d)], 158면. (d) 吉川泉, "間接侵害", 飯村敏明, 設楽隆一(編), リーガル・プログレッシブ・シリーズ, 知的財産関係訴訟, 青林書院, 2008, 116면.
229 小泉直樹, 앞의 책[주 227(b)], 77면.
230 中島基至, "充足論－間接侵害の場合", 髙部眞規子(編), 裁判実務シリーズ2, 特許訴訟の実務, 第2版, 商事法務, 2017, 119면.

(3) 실시권자에게 판매

실시권자에게 간접침해물품을 제공하는 경우, 특허권자는 실시권자에게 서 이미 대가를 지급받았으며, 만일 계약자가 아닌 자로부터 물품을 제공받는 경우, 계약 위반일 수 있으나 간접침해는 아니라는 의견이 다수이다.[231]

한편, 선사용권과 같은 법정실시권의 경우, 특허권자와 공평의 관점 또는 제도의 취지상 간접침해를 부정하기도 한다.[232]

(4) 수출 또는 외국에서의 실시

수출 또는 외국에서의 실시를 위해 간접침해물품을 제공하는 경우, 다수의 학설은 속지주의 원칙상 간접침해를 부정한다.[233] 그러나 이는 특허권자의 권리 보호에 미흡하므로, 최근에는 '그 물건을 생산하는 목적'으로 주관적 의미를 포함하여 해석함으로써 국내 직접실시가 아니어도 처벌이 가능하다고 하며, 수출 후 역수입 부품에 대해서는

---

231 (a) 松尾和子, "間接侵害(2)—間接侵害行爲", 牧野利秋(編), 裁判實務体系第9卷, 工業所有權訴訟法, 青林書院, 1985, 277면. (b) 山本隆司, 佐竹希, "間接侵害(3)", 小松陽一郎先生古希記念論文集刊行会(編), 特許權侵害紛爭の實務－裁判例を踏まえた解決手段とその展望, 青林書院, 2018, 433면. (c) 荻田英一郎, 앞의 글[주 227(a)], 209면. (d) 橫山久芳, 앞의 글[주 227(d)], 158면. (e) 吉川泉, 앞의 글[주 228(d)], 116면. (f) 中島基至, 앞의 글(주 230), 120면.

232 関根澄子, 앞의 글(주 219), 219면.

233 (a) 荻田英一郎, 앞의 글(주 227(a)), 209면. (b) 小泉直樹, 앞의 책[주 227(b)], 77면. (c) 橫山久芳, 앞의 글[주 227(d)], 158면. (d) 吉川泉, 앞의 글[주 228(d)], 116면. (e) 松尾和子, 앞의 글[주 231(a)], 278면.

침해의 개연성이 크므로 간접침해 규정을 유추적용하자고 한다.[234]

또한 양도의 청약이 별도의 실시에 해당하므로 양도가 외국에서 되어도 간접침해 적용이 가능하다고 하며, 속지주의의 의미를 재해석함으로써 간접침해를 확대 적용할 수 있다고 한다.[235]

---

234 (a) 仁木弘明, "特許法101条に規定された専用品の輸出と間接侵害－等価説との関連において", 『知財ぷりずむ』, Vol.3 No.36(2005.9), 101면. (b) 岩坪哲, "国外生産のための基幹部品の輸出", 『知財管理』, Vol.58 No.2(2008), 219면.

235 (a) 鈴木將文, "国境をまたがる行為と特許権の間接侵害の成否", 『パテント』, Vol.67 No.11(別冊No.12)(2014), 129면. (b) 大瀬戸豪志, "特許法101条の間接実施品の輸出について－属地主義の原則との関係において", 『パテント』, Vol.69 No.14(別冊No.16) (2016), 103면.

일본의 다기능형 간접침해

본격적으로 일본의 다기능형 간접침해에 대해서 논하고자 한다. 일본의 다기능형 간접침해에 관한 규정인 제101조 제2호(또는 제5호)을 살펴보면, "특허가 물건(또는 방법)의 발명에 대해 이루어지고 있는 경우에, 그 물건(또는 방법)의 생산(또는 사용)에 이용하는 물건(국내에서 널리 일반적으로 유통되고 있는 것을 제외한다)으로, 그 발명에 의한 과제의 해결에 불가결한 물건에 대해, 그 발명이 특허발명이라는 것 및 그 물건이 그 발명의 실시에 이용되는 것을 알면서, 업으로서 생산 등을 하는 행위"로 정의되어 있다.[236]

이 중에서 '과제의 해결에 불가결한 물건', '그 물건의 생산에 이용하는 물건(국내에서 널리 일반적으로 유통되고 있는 물건은 제외)' 및 '알면서 실시(주관적 요건)'가 요건으로서 문제가 된다.

---

236 일본 특허법 제101조, 앞의 글(주 208).

1 과제해결에 불가결한 물건에 관한 논의

(1) 본질적 부분설

특허권은 특허청구범위 전체로 고려해야 하나, 현재의 특허청구범위 작성은 작용·기능 등의 기재가 가능하게 됨에 따라 구성요소의 중요도에 경중의 차이가 생겨났으며, 간접침해에서의 과제해결에 불가결한 물건은 결국 균등론 판례의 제1요건에 해당하는 본질적 부분에 해당한다는 견해이다.[237][238] 본질적 부분은 교체되면 기술적 사상이 달라지는 구성에 해당하므로, 본질적 부분설을 채택한 대표적 판례인 "클립 사건[239]"에서는 본질적 부분은 발명의 과제해결과 무관하게 종래부터 있었던 것은 제외하며, 발명이 새롭게 개시하는 특징적 기술부분으로 간주하였다.[240]

한편, 일본 특허청의 해설편을 보면, 특허청구범위 안에 기재되어

---

237 高林龍, "発明の技術思想に着目した統一的な侵害判断基準構築の模索", 『日本工業所有権法学会年報』, 第32号, 有斐閣, 2008, 92면.

238 高林龍, "特許権の保護すべき本質的部分", 高林龍(編), 早稲田大学21世紀COE叢書, 企業社会の変容と法創造(第7巻), 知的財産法制の再構築, 日本評論社, 2008, 54면.

239 プリント基板用治具に用いるクリップ事件, 東京地裁, 平成14年(ワ)第6035号, 判例時報1892号89頁 등.

240 (a) 田村善之, 앞의 책(주 203), 264면. (b) 荻田英一郎, 앞의 글(주 227(a)), 204면.
(c) 竹田稔, 松任谷優子, 『知的財産権訴訟要論 [特許編]』, 第7版, 発明推進協会, 2017, 198-199면.

있더라도 발명이 해결하고자 하는 과제와 무관한 종래기술은 본질적 부분에 해당하지 않는 것으로 설명하고 있으며, 특허청구범위 이외라도 본질적 부분에 해당할 수 있는 것으로 설명하고 있어, 균등론의 본질적 부분과는 차이가 있다.[241] 한편, 불가결한 물건을 본질적 부분으로 판단 시, 다른 용도가 있는 구성(물건)에도 금지청구를 하게 되는 불합리성이 있을 수 있다.[242]

(2) 금지청구 적격설(또는 대상물설)

간접침해의 불가결한 물건에 관한 요건은 균등론의 본질적 부분과 다르다는 학설로, 본질적 부분은 특허청구범위에 국한되지 않으며, 또한 본질적 부분이 신규성, 진보성 등의 특허성을 갖추었다면 특허청구범위로 작성해야 하며 그렇지 않고 간접침해로 인정 시 법원에 의해 사후적 구제가 되므로, 법 본래의 취지 및 특허청구범위 제도와 맞지 않는다고 한다.[243] 이를 위해, 불가결한 물건에 관한 요건을 발명의 실시에 필요한 물건으로 완화하며, 이 경우 불가결한 물건에 대하여

---

241 日本国特許庁, 産業財産権法(工業所有権法)の解説, 平成14年法律改正(平成14年法律第24号)第2章 間接侵害規定の拡充
〈https://www.jpo.go.jp/system/laws/rule/kaisetu/sangyozaisan/document/sangyou_zaisanhou/h14_kaisei_2.pdf〉, 검색일: 2019.7.12.
242 吉田広志, "多機能型間接侵害についての問題提起―最近の裁判例を題材に", 『知的財産法政策学研究』, Vol.8(2005), 166면.
243 田村善之, "多機能型間接侵害制度による本質的部分の保護の適否―均等論との整合性", 『知的財産法政策学研究』, Vol.15(2007), 195면.

공지기술 여부를 판단할 필요가 없으므로 판단이 간단하다는 장점이 있다.[244]

한편, 간접침해의 경우도 금지청구의 대상이 되므로, 이는 후술하는 범용품 요건으로 선별할 것을 제안하고 있다.[245] 그러나 사소한 부품도 금지청구의 대상이 될 수 있으며, 법조문과의 조화가 어렵다는 단점도 있다.[246] [247]

(3) 금지청구 요건부가설

본질적 부분설 및 금지청구 적격설 모두 법조문에 직접 나타나지 않은 요건을 부가한 것이며, 특히 금지청구 시 주관적 요건은 사실심 변론 시에 충족되므로, 실질적으로 적용되지 않는 단점이 있다.[248] 그러므로 침해의 방조행위 예방과 금지청구 적격설의 관점에서 금치청구의 요건을 고려하여, 다기능품에서 적법용도를 분리할 수 있는 경우와 없는 경우로 나누어 처리할 수 있다는 주장이다. 금지청구 적격설을 개량한 것으로, 본질적 부분에 대한 판단은 하지 않는 것으로 사료된다.

---

244 重富貴光, "多機能型間接侵害規定における「課題の解決に不可欠なもの」について", 『パテント』, Vol.67 No.11(別冊No.12)(2014), 92면.

245 平嶋竜太, "非専用型間接侵害における法的構造の再考", 『パテント』, Vol.67 No.11(別冊No.12) (2014), 69면.

246 吉田広志, 앞의 글(주 242), 168면.

247 田村善之, 앞의 글(주 243), 207면.

248 愛知靖之, "特許法101条2号・5号の要件論の再検討―実体要件から差止要件へ", 『パテント』, Vol.67 No.11(別冊No.12)(2014), 51-54면.

(4) 중첩설

본질적 부분설은 불가결한 물건에 관한 요건을 특허청구범위와의 관계로 파악한 것이고, 금지청구 적격설은 불가결한 물건에 관한 요건을 피의(被疑)물건에서 판단한 것이다. 두 설의 단점으로는, 본질적 부분설의 경우, 특허권을 확대 해석할 우려가 있으며, 금지청구 적격설의 경우, 법조문과 부조화가 있다.[249] 이러한 두 설의 단점을 보완하기 위한 중첩설은, 금지청구 적격설에 의해 사소한 부품도 금지청구의 대상이 되는 것을 막기 위하여 본질적 부분을 먼저 판단하고 그 이후 금지청구 적격설의 대상이 되는지를 판단한다. 엄격한 판단에 의해, 적용 대상이 줄어든다는 단점이 있다.[250]

(5) 간접침해 본질론

직접침해의 성립이 부정되더라도 간접침해의 성립이 인정되는 것이 간접침해의 본질로 파악하는 견해이다. 이는 간접침해의 독립설과 실질적으로 동일한 것으로, 상기 Ⅲ.2.(1)~(4)를 그 적용대상으로 한다.[251]

---

249 吉田広志, 앞의 글(주 242), 169면.
250 愛知靖之, 앞의 글(주 248), 50면.
251 川田篤, "「間接侵害の本質論」は「本質論」か", 『知的財産法研究2013-8-No147』, 2013, 6면.

(6) 전용품과의 정합설

'~에만'으로 한정되는 전용품의 규정을 특허의 주요 요소의 충족으로 보듯이, 다기능형 간접침해의 요건을 '불가결한 물건' 대신 '그 물건을 생산하는 물건' 또는 '그 방법의 생산에 이용하는 물건'을 요건으로 검토하게 된다면 결국 전용품 간접침해 규정과 다기능형 간접침해 규정에 정합성이 생긴다는 주장이다.[252] 전용품과의 정합설에서 다기능형 간접침해가 인정되는 것은 위법성 정도가 전용품에 준하는 경우로 해석한다.

2 그 물건의 생산에 이용하는 물건 중 국내 일반 유통품이 아닐 것

전용품은 아니지만 물건발명(또는 방법발명)의 생산(또는 사용)에 이용되는 물건으로, 국내에서 널리 일반적으로 유통되는 물건(이른바 범용품)은 제외되는 것으로 해석된다.[253] 여기에서의 범용품은 특별주문품은 아니며 시장에서 일반이 쉽게 입수 가능한 규격품, 보급품으로 해석된다. 이러한 범용품은 일반적으로 특허발명의 실시에 사용될 개연성은 극히 낮으며, 또한 거래의 안정성을 위해 요건에서 제외된다.[254]

---

252 大須賀滋, "非専用品型間接侵害について", 中山信弘(編), 知的財産・コンプータと法－野村豊弘先生古稀記念論文集, 商事法務, 2016, 423면.

253 島並良, 上野達弘, 横山久芳, 『特許法入門』, 有斐閣, 2014, 291면.

254 牧野知彦, 高橋綾, "間接侵害", 小泉直樹, 末吉亘(編), 実務に効く知的財産判例精選, 有斐閣, 2014, 41면.

볼트, 너트, 못 등의 잘 알려진 범용품 이외 특허발명에 사용되는 부품이 과연 범용품에 해당하는지 그 판단 방법이 문제가 된다. 이를 위해 거래의 안정성과 특허침해의 예방과의 균형을 도모해야 하며, 침해물품이 대량 유통될수록 범용품이 되는 모순을 막기 위해 유통량과 관련짓지 말고, 피의 침해물품의 구조에 주목해야 한다고 한다.[255 256] 또한 특허침해용으로 적합하며 범용적 용도를 갖는 물건이 아닌 것으로 해석해야 한다는 견해도 있다.[257]

한편, 이와 관련된 이치타로 사건[258]에서, 저명한 소프트웨어가 범용품이 아니라는 판시에 대하여 의문을 갖기도 한다.[259]

3 알면서 실시(주관적 요건)

(1) 주관성의 정도

전용품 간접침해에 관한 규정은 '~에만'을 충족하게 되면, 실시자(침해자)가 알면서 실시했다는 주관적 요건이 없어도 적용이 가능하다. 그러나 다기능형 간접침해의 경우, 실시자가 알면서 실시할 경우를 전

---

255 産業財産権法(工業所有権法)の解説, 앞의 글(주 241), 161면.
256 田村善之, 앞의 글(주 203), 266면.
257 久世勝之, "間接侵害", 村林隆一先生傘寿記念(編), 知的財産権侵害訴訟の今日的課題, 青林書院, 2011, 211면.
258 一太郎ソフト事件, 知財高裁, 平成17年(ネ)第10040号, 判例時報1904号47頁 등.
259 久世勝之, 앞의 글(주 257), 206면.

제로 하므로 어느 정도까지 알면서 실시하는지가 문제가 된다. 이에 대하여 막연한 인식은 아니며, 특정되는 구체적 특허권으로 인식해야 하므로 특허권자의 고지가 필요하다고 본다.[260] 또한 특허청구범위의 분석까지는 아니더라도 특허발명의 기술적 범위에 속할 수 있다는 개연성의 인식이 요구되며, 실시하는 발명이 특허발명인 것과 실시 물건이 특허발명의 실시에 이용되는 것을 알면서 실시하는 경우에는 주관적 요건을 만족하는 것으로 본다.[261] [262]

이상을 종합하면, 실시하는 발명이 특허발명인 것은 공개공보 등에 의해 확인할 수 있으며, 발명의 실시에 이용되는 물건이 과제해결에 불가결한 물건이라면 특허청구범위 안에 기재되어 있지 않아도 인정되는바, 단순한 개연성 인식의 범위를 넘어선 것으로 사료된다.

(2) Winny 사건 판례

특허와 관련된 일본 최고재판소의 판례는 아직 없으며, 저작권과 관련된 판례[263]에서 최고재판소는 "구체적인 저작권 침해사실을 인식하고 예외적이라 할 수 없는 범위의 자가 저작권 침해를 이용할 개연성

---

260 三村量一, "非専用品型間接侵害(特許法101条2号,5号)の問題点", 『知的財産法政策学研究』, Vol. 19 (2008), 103면.
261 平嶋竜太, 앞의 글(주 245), 73면.
262 相澤英孝, 西村あさひ法律事務所(編), 『知的財産法概説』, 第4版, 弘文堂, 2010, 84면.
263 Winny事件, 最三小決, 平成21年(あ)第1900号, 最高裁刑集65巻9号1380頁 등.

이 크며, 실제로 침해가 일어난 경우에는 방조에 해당한다"고 하였
다.[264] 이는 다기능형 간접침해의 경우, 다른 용도를 갖는 부품의 제
한을 위해서는 추상적인 이용가능성 단계로는 부족하며, 직접침해도
일어나지 않았는데 비전용품(非專用品)의 간접침해를 이유로 권리행
사는 부당하다는 주장과 일치한다.[265]

264 西理香, "非專用品型間接侵害(特許法101条2号・5号)における差止め範囲と主観
的要件", 『Law & Technology』, No.63(2014.4), 13-14면.
265 三村量一, 앞의 글(주 260), 103면.

특허권 소진과 간접침해

1 전용품 또는 불가결한 부품과 물건발명의 소진

특허권 소진이란 특허 상품의 유통이라는 적극적 이유와 특허권자의 이익확보라는 소극적 이유의 균형으로 인정되는 것이다.[266] 간접침해의 관점에서는 통상적인 기능을 다한 전용품 또는 불가결한 부품(물건)을 고쳐서 사용하는 경우에도 특허권 침해를 주장할 수 있는지가 문제가 된다.

이에 대하여 간접침해물품의 양도는 특허제품의 양도와 같은 정도로 된 것은 아니며, 간접침해물품 양도 후 특허권자에게 더 많은 기회보장을 위해 전용품 및 불가결한 부품 둘 다 소진되지 않는다는 학설에 대하여, 전용품이며 본질적인 부분인 경우 또는 특허발명의 기술적

---

266 田村善之, "用尽理論と方法特許への適用可能性について", 『特許研究』, No.39 (2005.3), 5면.

가치에 상응하는 이익이 있는 경우에는 소진을 인정해야 한다는 주장이 있다.[267]

한편, 전용품 양도 시 소진을 각오하고 대가를 고가로 책정하여 유통에 방해를 시킬 수 있으므로, 전용품의 제공은 소진이 아닌 묵시적 허락에 해당한다는 학설[268]과 생산이 소진에 포함될 경우 새로운 시장 수요를 빼앗게 되므로 생산이 소진에 포함되지 않게 되며, 그 결과 전용품의 소진은 특허권 소진이 아니라 묵시적 허락에 해당한다는 학설[269]이 있다.

2 전용품 또는 불가결한 부품과 방법발명의 소진

전용품이 방법발명의 전 공정에 실시되는 장치인 경우, 해당 방법발명의 소진으로 보아야 한다는 의견[270]과 해당 물건의 거래를 통해 특허발명의 기술적 가치에 상응하는 이익을 얻었는지 살펴보아야 한다는 의견[271]이 있다.

---

267 横山久芳, "特許製品の部品の販売と特許権の行使について－消尽論および黙示の許諾論の基づく検討－", 外川英明, 高松孝行, 加藤暁子, 藤田晶子(編), 知的財産法のモルゲンロート－土肥一史先生古稀記念論文集, 中央経済社, 2017, 336면.
268 田村善之, 앞의 글(주 266), 11면.
269 飯村敏明, "完成品に係る特許の保有者が部品を譲渡した場合における特許権の行使の可否について", 小泉直樹, 田村善之(編), はばたき－21世紀の知的財産法, 弘文堂, 2015, 350면.
270 田村善之, 앞의 글(주 266), 11면.
271 横山久芳, 앞의 글(주 267), 336면.

VI

중성물 기여침해에 대한 검토 및
판단기준 제안

일본 내 다기능형 간접침해의 입법과 관련하여, 전용품에 관한 제1호와 다기능품에 관한 제2호가 중복되어 관계 정리가 곤란하므로, 제1호를 확대 해석하는 것만으로 충분하다는 주장도 있었다.[272] 그러나 위에 기재한 바와 같은 다기능형 간접침해 규정이 도입되었으며, 이로부터 과제해결에 불가결한 물건, 범용품이 아닐 것 및 주관적 요건이 다기능형 간접침해의 주요 성립요건이 된다. 한편, 우리나라의 특허법 개정안에 제안된 중성물 기여침해도 그 요건의 해석상 일본의 다기능형 간접침해 규정과 유사하다. 그러므로 일본의 다기능형 간접침해를 연구함으로써, 시행될 예정인 중성물 기여침해의 판단 기준을 제공할 수 있다.

---

272 飯村敏明, "非専用品型間接侵害の立法と実務の変遷", 『Law & Technology 別冊 知的財産紛争の最前線』, No.3(2017), 68면.

일본의 다기능형 간접침해 규정에서 우선 고려되는 것은 과제 해결에 불가결한 물건이다. Ⅳ.1.(1)~(6)에서 논의한 바와 같이, 일본의 학설 및 판례이론은 과제 해결에 불가결한 물건을 본질적 부분으로 판단한 본질적 부분설과 본질적 부분으로 판단 시 발생하는 문제점을 보완하고자 하는 금지청구 적격설 등의 여러 학설이다.

한편, 특허법 개정안에 제안된 중성물 기여침해에서도 과제 해결에 필수적인 물건이 성립요건의 하나로 기재되어 있으므로, 위 일본의 학설 및 판례이론을 참고할 경우, 과제 해결에 필수적인 물건을 본질적 부분으로 우선 고려하게 될 개연성이 크다. 이러한 본질적 부분의 판단은 균등론, 간접침해 및 특허권 소진에서의 판단 방법이 각각 상이하다.[273] 그러나 어떤 방식으로 평가되더라도 본질적 부분이 주요한 구성으로 귀결되는 것에는 변함이 없을 것으로 사료된다. 그러므로 이러한 주요한 구성(중성물)이 특허청구범위 안에 있는 경우와 이외에 있는 경우를 고려하면 다음과 같다.

1 특허청구범위 안에 기재된 중성물에 의한 기여침해

특허청구범위 안에 기재된 구성에 의한 간접침해의 경우, 우선 해당 구성이 과제 해결에 불가결한 물건인지가 문제가 될 것이다. 간접침해

---

273 田村善之, 앞의 글(주 200), 60-61면.

의 인정 시 금지청구가 가능하게 되므로, 공지된 구성을 불가결한 물건으로 볼 수 없으며, 이를 인정할 경우 퍼블릭 도메인에 간접침해를 주장하게 된다.[274][275] 그 결과 위의 클립 사건 판례에서는 본질적 부분을 발명이 새롭게 개시하는 특징적 기술부분으로 판시한 바 있다.[276][277][278] 만일 공지된 구성(물건)만으로 구성된 특허의 경우에도 간접침해를 주장할 수 있는지에 대하여, 본질적 부분설에 의하면 간접침해에 해당되지 않지만, 금지청구 적격설에 의하면 해당 구성의 조합에 특징이 있는 경우, 간접침해의 주장도 가능하게 된다.[279]

특허권 소진의 관점에서 고려하면, 특허청구범위 안에 기재된 여러 개의 구성 중 경제적 가치의 상당 부분을 차지하는 구성이 불가결한 구성(물건) 즉, 본질적 부분으로 사료된다. 그러므로 특허권 소진의 관점에서 다기능형 간접침해를 고려할 경우, 범용품이 아닐 것 및 주관적 요건과 함께 불가결한 구성(물건)의 경제적 가치도 함께 고려해야 할 것으로 사료된다. 한편, 금지청구 적격설에 의한 경우에도 불가결한 구성(물건)의 경제적 가치를 평가함으로써, 사소한 구성에 의한 간

274 田村善之, 앞의 글(주 200), 60-61면.
275 紋谷崇俊, "擬制侵害(特許法101条2号及び5号)に係る課題と檢討", 中山信弘, 斉藤博, 飯村敏明(編), 牧野利秋先生傘寿記念論文集, 知的財産権－法理と提言, 青林書院, 2013, 358-359면.
276 荻田英一郎, 앞의 글[주 227(a)], 204면.
277 田村善之, 앞의 글(주 203), 264면.
278 竹田稔, 松任谷優子, 앞의 글[주 240(c)], 198-199면.
279 高林龍, 앞의 글(주 238), 57면.

접침해 논란에서 벗어날 수 있다.

금지청구의 관점에서 살펴보면, 다기능품의 금지청구와 관련하여, 간접침해에 해당되는 경우를 제외하고 해당 물품의 사용이 가능하다는 의견[280] 및 간접침해자에 대해서만 해당 물품의 금지청구를 인정하자는 주장[281] 이 있으나, 금지청구는 전면적 금지를 기반으로 한다.[282]

일본도 다기능형 간접침해에 관하여 판단의 기준이 되는 최고재판소의 판례는 아직 없으며, 하급심 판례의 축적을 통한 이론 형성 단계에 있다. 그러므로 이로부터 시행될 예정인 중성물 기여침해의 운용을 정확히 예측하기에는 어려운 부분도 있다. 그럼에도 불구하고 위의 검토 결과를 종합하여, 중성물 기여침해의 시행에 따른 제도의 남용 및 혼란을 방지하기 위한 최선의 판단기준을 제안하고자 한다. 이를 위해 중성물 기여침해의 판단 시, 해당 중성물의 상대적 및 절대적인 경제 가치를 부가 요건으로 고려할 것을 제안한다.

구체적으로 특허청구범위 안에 기재된 중성물에 의한 기여침해의 판단 시, 중성물이 과제의 해결에 필수적인 물건에 해당하는지 판단하기 위하여 과제의 해결에 불가결한 물건에 관한 일본의 어떠한 이론을

---

280 飯村敏明, 앞의 글(주 272), 64면.
281 関根澄子, 앞의 글(주 209), 222면
282 紋谷崇俊, 앞의 글(주 275), 375면.

참고하더라도, 해당 중성물의 특허발명 내 상대적인 경제 가치뿐만 아니라 시장에서 유통되는 절대적인 경제 가치가 함께 고려되어야 할 것으로 사료된다. 여기에서 상대적인 경제 가치는 특허발명 내에서 무시할 수 없을 만큼의 유의미한 경제적 비중을 의미하며, 절대적 경제 가치는 시장에서 유통 시 사회 통념상 유의미한 경제적 가치를 의미한다. 이를 특허권 소진 관점에서 고려하면, 중성물의 상대적인 경제 가치가 해당 특허발명의 대부분을 차지한다면 특허권 소진을 별도로 고려하지 않아도 된다. 또한 금지청구의 관점에서 고려하면, 시장에서의 경제적 가치가 비교적 낮은 중성물은 간접침해에서 제외되므로 제3자의 이용이 가능하게 된다. 그러므로 중성물 기여침해 판단 시 해당 중성물의 경제적 가치를 종합적으로 고려할 것을 제안한다. 구체적인 예로서, 감광드럼 카트리지 판례를 통하여 아래에서 설명한다.

2 감광드럼 카트리지 판례의 재검토

대법원은 소모품(감광드럼 카트리지)의 경우에도 일정 요건이 충족되는 경우, 전용품으로 인정하였다.[283] 이에 대하여 소모품을 전용품으로 확대 해석하였다는 비판적 견해가 다수이다.[284][285] 이를 중성물

---

[283] 대법원 2001. 1. 30 선고 98후2580 판결: 소모부품일지라도, 특허발명의 본질적인 구성요소에 해당하고 다른 용도로는 사용되지 아니하며 일반적으로 널리 쉽게 구할 수 없는 물품으로서 당해 발명에 관한 물건의 구입 시에 이미 그러한 교체가 예정되어 있었고 특허권자에 의하여 그러한 부품이 따로 제조·판매되고 있다면 전용품으로 인정하였다.

기여침해의 관점에서 다시 살펴보면, 대법원은 일정 요건에 의해 감광드럼 카트리지를 전용품으로 인정했으나, 통상 감광드럼 카트리지는 제조사의 여러 모델에 사용되는 다른 용도를 갖는 중성물에 해당한다.

과제의 해결에 필수적인 물건과 관련하여, 감광드럼 카트리지가 치환될 경우 특허발명의 기술적 사상이 달라지므로 본질적 부분설에 의하면 레이저 프린터의 불가결한 물건 즉, 필수적인 물건에 해당한다. 한편, 이를 금지청구 적격설로 판단하더라도 감광드럼 카트리지가 없으면 특허발명의 실시가 불가하므로 감광드럼 카트리지는 레이저 프린터의 불가결한 물건, 다시 말해 필수적인 물건에 해당한다. 게다가 감광드럼 카트리지의 경제적 가치는 레이저 프린터의 상당 부분을 차지할 뿐만 아니라 시장에서 고가로 유통된다. 또한 감광드럼 카트리지는 일반적으로 유통되는 범용품은 아니다. 그러므로 이러한 감광드럼 카트리지가 특허발명인 레이저 프린터의 중성품인 것을 알면서 업으로 실시하는 경우, 중성물 기여침해에 의한 간접침해에 해당하게 된다.

이와 같이 중성물의 상대적 및 절대적인 경제 가치가 함께 고려될 경우, 설령 중성물 기여침해에 의해서 금지청구가 인정되더라도 제3자의 실시가 과도하게 제한받는다고 볼 수 없다. 그러므로 중성물의

---

284 강명수, "특허법127조의 해석 기준에 관한 연구", 『지식재산연구』, 제11권 제4호 (2016. 12), 59면.
285 신혜은, 앞의 글(주 219), 222면.

경제적 가치를 중성물 기여침해의 요건에 부가하여 판단할 것을 제안한다.

3 특허청구범위 이외에 기재된 중성물에 의한 기여침해

현재 우리나라의 간접침해는 독립설이 우세한 것으로 되어 있으나, 간접침해 법문의 해석상 특허청구범위 이외의 구성도 간접침해가 될 수 있으므로, 특허청구범위 이외에 기재된 중성물에 의한 기여침해에도 그대로 적용 가능한지 재검토가 필요하다. 중성물 기여침해의 경우, 주관적 요건이 추가된다고 하지만, 전용품이 아닌 구성이 특허청구범위 이외에 기재된 경우, 이를 필수적인 물건으로 파악하기는 쉽지 않으므로, 선의의 피해자가 발생할 우려가 있다. 또한 특허발명의 실시에 주요한 구성을 특허청구범위 안에 기재하지 않고 사후 법원에 의해 인정받게 되는 불합리성도 있으므로,[286] 특허청구범위 이외에 기재된 중성물에 의한 기여침해의 경우도 간접침해 독립설이 적용되는지에 대해서는 재검토가 필요하다. 한편, 특허청구범위 이외에 기재된 중성물에 대해서도 경제적 가치를 평가함이 바람직하다.

---

[286] 田村善之, 앞의 글(주 200), 65면.

VII

결 론

특허법 개정안에 제안된 중성물 기여침해 규정 및 이와 유사한 일본의 다기능형 간접침해 규정에 대하여 살펴보았다. 중성물 기여침해와 관련하여, 과제 해결에 필수적인 물건, 범용품이 아닐 것 및 주관적 요건이 주요 성립요건으로, 일본의 다기능형 간접침해에 관한 학설 및 판례이론으로부터 예상컨대, 그중 과제 해결에 필수적인 물건에 관한 논의가 주요할 것으로 파악된다.

다기능형 간접침해에 관한 일본의 학설 및 판례이론으로부터 중성물 기여침해의 판단 기준을 제안하면, 중성물이 특허청구범위 안에 기재된 경우와 그렇지 않은 경우로 나누어 고려해야 할 것이다. 중성물이 특허청구범위 안에 기재된 경우, 중성물의 경제적 가치를 함께 고려한다. 이 경우 사소한 구성에 의한 간접침해 논란에서 벗어날 수 있음은 물론이며, 중성물의 경제적 가치가 해당 특허발명의 대부분을 차지한다면 특허권의 소진도 함께 고려할 수 있다. 또한 금지청구의 관

제4장 특허간접침해 개정안에 대한 고찰

점에서는 시장에서의 경제적 가치가 비교적 낮은 중성물이 간접침해에서 제외되므로 제3자의 이용이 가능하다. 한편, 선의의 피해자 발생 및 사후 법원에 의한 구제를 억제하기 위하여, 특허청구범위 이외에 기재된 중성물에 의한 기여침해의 경우에도 간접침해 독립설이 적용되는지 재검토가 필요하다.

〈단행본〉

조영선,『특허법2.0』, 박영사, 2018.

吉藤幸朔,『특허법개설』, 유미특허(역), 제13판, 대광서림, 2005.

青山紘一,『特許法』, 第七版, 法学書院, 2005.

中山信弘,『特許法』, 第3版, 弘文堂, 2016.

田村善之,『知的財産法』, 第5版, 有斐閣, 2010.

角田政芳, 辰巳直彦,『知的財産法』, 第8版, 有斐閣アルマ, 2017.

小泉直樹,『特許法・著作権法』, 有斐閣, 2012.

牧野利秋(編), 裁判実務体系第9巻工業所有権訴訟法, 青林書院, 1985.

吉井参也,『特許権侵害訴訟大要』, 発明協会, 1990.

牧野利秋 외 4인(編), 知的財産法の理論と實務第1巻〔特許法 [I]〕, 新日本法規
    出版, 2007.

高部眞規子(編), 最新裁判実務体系第10巻, 知的財産権訴訟 I, 青林書院, 2018.

飯村敏明, 設楽隆一(編), リーガル・プログレッシブ・シリーズ, 知的財産関係
    訴訟, 青林書院, 2008.

高林龍,『標準特許法』, 第6版, 有斐閣, 2017.

高部眞規子(編), 裁判実務シリーズ2, 特許訴訟の実務, 第2版, 商事法務, 2017.

小松陽一郎先生古希記念論文集刊行会(編), 特許権侵害紛争の実務ー裁判例を踏
    まえた解決手段とその展望, 青林書院, 2018.

高林龍(編), 早稲田大学21世紀COE叢書, 企業社会の変容と法創造(第7巻), 知的
    財産法制の再構築, 日本評論社, 2008.

竹田稔, 松任谷優子,『知的財産権訴訟要論〔特許編〕』, 第7版, 発明推進協会,
    2017.

中山信弘(編), 知的財産・コンプータと法ー野村豊弘先生古稀記念論文集, 商事
    法務, 2016.

島並良 외 2인,『特許法入門』, 有斐閣, 2014.

小泉直樹, 末吉亙(編), 実務に効く知的財産判例精選, 有斐閣, 2014.

村林隆一先生傘寿記念(編), 知的財産権侵害訴訟の今日的課題, 青林書院, 2011.

　　　　　　　　　　　　　　제4장 특허간접침해 개정안에 대한 고찰

相澤英孝, 西村あさひ法律事務所(編), 『知的財産法概説』, 第4版, 弘文堂, 2010.

外川英明 외 3인(編), 知的財産法のモルゲンロート—土肥一史先生古 稀記念論文集, 中央経済社, 2017.

小泉直樹, 田村善之(編), はばたき—21世紀の知的財産法, 弘文堂, 2015.

中山信弘 외 2인(編), 牧野利秋先生傘寿記念論文集, 知的財産権—法理と提言, 青林書院, 2013.

〈학술지〉

강명수, "특허법 127조의 해석 기준에 관한 연구", 『지식재산연구』, 제11권 제4호(2016.12).

강명수, "특허법 제127조 개정안에 대한 연구", 『지식재산연구』, 제13권 제4호(2018.12).

강명수, "특허법상 간접침해에 대한 연구", 『법과 정책』, 제17권 제1호(2011).

김창화, "특허법상 침해로 보는 행위의 법적 성격에 대한 연구—미국법상 간접침해와의 비교를 중심으로", 『산업재산권』, 제50호(2016).

문선영, "특허권 간접침해 규정의 문제점과 개선방안", 『법학논고』, 경북대학교 법학연구원, 제45집(2014).

신혜은, "특허권 간접침해 규정의 합리적인 해석방안 및 이를 위한 입법적 제언", 『안암법학』, 제45권(2014).

신혜은, "특허권의 간접침해와 국제거래에서의 시사점", 『과학기술과 법』, 제7권 제1호 (2016).

정차호, "특허권 간접침해 성립의 직접침해의 전제 여부", 『성균관법학』, 제26권 제3호(2014).

田村善之, "特許法における発明の「本質的部分」という発想の意義", 『日本工業所有権法学会年報』, 第32号(2008).

田村善之, "多機能型間接侵害制度による本質的部分の保護の適否—均等論との整合性", 『知的財産法政策学研究』, Vol.15(2007).

田村善之, "用尽理論と方法特許への適用可能性について", 『特許研究』, No.39(2005).

横山久芳, "間接侵害", 『法学教室』, No. 343(2009).

仁木弘明, "特許法101条に規定された専用品の輸出と間接侵害―等価説との関連において", 『知財ぷりずむ』, Vol. 3 No. 36(2005. 9).

岩坪哲, "国外生産のための基幹部品の輸出", 『知財管理』, Vol. 58 No. 2(2008).

鈴木將文, "国境をまたがる行為と特許権の間接侵害の成否", 『パテント』, Vol. 67 No. 11(別冊No. 12)(2014).

大瀬戸豪志, "特許法101条の間接実施品の輸出について―属地主義の原則との関係において", 『パテント』, Vol. 69 No. 14(別冊No. 16)(2016).

高林龍, "発明の技術思想に着目した統一的な侵害判断基準構築の模索", 『日本工業所有権法学会年報』, 第32号(2008).

吉田広志, "多機能型間接侵害についての問題提起―最近の裁判例を題材に", 『知的財産法政策学研究』, Vol. 8(2005).

重富貴光, "多機能型間接侵害規定における「課題の解決に不可欠なもの」について", 『パテント』, Vol. 67 No. 11(別冊No. 12)(2014).

平嶋竜太, "非専用型間接侵害における法的構造の再考", 『パテント』, Vol. 67 No. 11(別冊 No. 12)(2014).

愛知靖之, "特許法101条2号・5号の要件論の再検討―実体要件から差止要件へ", 『パテント』, Vol. 67 No. 11(別冊No. 12)(2014).

川田篤, "「間接侵害の本質論」は「本質論」か", 『知的財産法研究2013―8―No147』(2013).

三村量一, "非専用品型間接侵害(特許法101条2号,5号)の問題点", 『知的財産法政策学研究』, Vol. 19(2008).

西理香, "非専用品型間接侵害(特許法101条2号・5号)における差止め範囲と主観的要件", 『Law & Technology』, No. 63(2014).

飯村敏明, "非専用品型間接侵害の立法と実務の変遷", 『Law and Technology 別冊知的財産紛争の最前線』, No. 3(2017).

第4章 特허간접침해 개정안에 대한 고찰

〈판례〉

대법원 2001. 1. 30 선고 98후2580 판결.
東京地裁, 平成14年(ワ)第6035号.
知財高裁, 平成17年(ネ)第10040号.
最三小決, 平成21年(あ)第1900号.

〈인터넷 자료〉

특허청, "특허청, '특허간접침해 개정안'에 대한 공청회 개최", 대한민국 정책브리핑,
　　〈http://www.korea.kr/policy/pressReleaseView.do?newsId=156292038〉,
　　검색일: 2019.7.12.
특허청, "특허청, 「특허간접침해 개정안」에 대한 공청회 개최", 특허청 블로그,
　　〈https://blog.naver.com/kipoworld2/221351319100〉, 검색일: 2019. 7. 12.

〈기타 자료〉

日本国特許庁, 産業財産権法(工業所有権法)の解説, "平成14年法律改正(平成14
　　年法律第24号)第2章 間接侵害規定の拡充",
　　〈https://www.jpo.go.jp/system/laws/rule/kaisetu/sangyozaisan/document
　　/sangyou_zaisanhou/h14_kaisei_2.pdf〉, 검색일: 2019. 7. 12.

제5장

수치한정발명에 대한 선사용권의
성립요건 고찰

— 일본지적재산고등법원의 판결[287] 을 중심으로

----

287 知財高裁・平成30年4月4日判決, 平成29年(ネ)10090号, 上告受理申立て不受理
(平成31年2月14日), 이하 '본건 판결'이라 한다.

이 장에서는 선사용권의 성립을 위해서 실시자인 선사용자에게
도 특허 발명에 관한 기술적 사상을 인식하고 있을 것을 요구하
여 논란이 된 일본지적재산고등법원의 판결을 재검토하였다.
본건 판결은 특허 발명에 대한 선사용권과 특허의 무효가 동시
에 판단된 사건이며, 본건 판결의 특허 발명은 의약 발명인 동시
에 수치한정발명인 특별한 사례이다. 그 결과 선사용권의 성립
요건이 종전보다 한층 엄격하게 판단되었다.

본건 판결이 수치한정발명에 대한 선사용권의 성립요건으로서,
실시자인 선사용자에게 기술적 사상을 요구한 것은 선사용권과
무효의 판단에 논리적 일치성을 위한 것으로 사료된다. 그러나
수치한정발명의 경우라도, 선사용자의 기술적 사상에 대한 인
식은 특허 발명의 특허성 판단보다 유연하게 해석해야 할 것이
다. 그 결과, 선사용자가 실시 또는 준비 중인 발명의 범위가 특
허 발명의 수치 범위에 해당하게 되면, 선사용자의 특허 발명에
대한 기술적 사상의 인식 여부와 관계없이, 선사용권을 인정하
여 실시자의 계속적인 실시를 보장해야 한다.

한편, 수치한정발명에 대한 선사용권의 성립요건으로 선사용자
의 특허 발명에 대한 기술적 사상의 인식을 요구한 본건 판결과
는 달리, 퍼블릭 도메인 관점에서 수치한정발명에 대한 선사용
권의 성립요건을 완화하자는 학설이 있다. 그러나 수치한정발
명도 발명의 카테고리 중 하나인 점, 엄격한 심사를 거쳐 부여되
는 점 및 특허권자와 실시자 사이의 공평의 관점을 고려할 때,
수치한정발명에 대한 선사용권의 성립요건 완화는 불필요하다.

서 론

  실시자 자신이 완성한 발명을 특허출원하지 않고 실시하고 있으나, 그 후 동일한 발명을 특허출원한 타인(특허권자)에 의해 실시자의 실시가 특허침해가 되는 경우, 발명을 먼저 완성하고 실시까지 한 실시자의 실시를 금지해야만 하는가? 발명을 공개한 자(특허권자)만을 보호하는 한편, 독자적으로 발명을 먼저 완성하고 발명을 실시하고 있는 자를 보호하지 않는 것은 발명의 공개와 실시라는 특허제도의 두 축을 고려했을 때, 균형을 이룬다고 할 수 없다.[288] 이러한 경우, 특허법에서는 일정한 규정을 충족하는 실시에 대하여, 선사용권이라는 통상실시권으로 보호하고 있다.[289] 즉, 선사용권은 실시자의 실시를 후발적

---

[288] 吉田広志, "先使用権の範囲に関する一考察", 『パテント』, Vol. 56 No. 6(2003), 61면.

[289] 특허법 제103조(선사용에 의한 통상실시권). 한편 일본의 경우, 일본 특허법 제79조에 정의되어 있으며, 우리나라의 선사용권 규정과 실질적으로 동일하다. 일본 특허법 제79조: "特許出願に係る発明の内容を知らないで自らその発明をし, 又

인 특허출원으로부터 계속적인 실시가 가능하도록 보호하는 규정이다.

현재 일본 내의 많은 학설에서 선사용권의 의의(취지)는 공평의 관점에서 특허권자와 실시자 사이의 이익 균형(형평)이 다수설로 형성되어 있다.[290][291] 또한 일본에서 선사용권과 관련하여 선구적인 판례로 일컬어지는 이른바 '워킹 빔 사건'[292] 에서도, "선사용권제도의 취지가

は特許出願に係る発明の内容を知らないでその発明をした者から知得して, 特許出願の際現に日本国内においてその発明の実施である事業をしている者又はその事業の準備をしている者は, その実施又は準備をしている発明及び事業の目的の範囲内において, その特許出願に係る特許権について通常実施権を有する。"

290　(a) 松本武彦, "先使用権－特に「事業の準備」について", 『知財管理』, Vol.50 No.12 (2000), 1841면. (b) 竹田稔, 松任谷優子, 『知的財産権訴訟要論 [特許編]』, 第7版, 発明推進協会, 2017, 252면. (c) 田村善之, "特許法の先使用権に関する一考察 (1)－制度趣旨に鑑みた要件論の展開", 『知的財産法政策学研究』, Vol.53(2019), 140면. (d) 牧野利秋, 『知的財産権訴訟寸考』, 東京布井出版, 2002, 191면. (e) 特許第2委員会第1小委員会, "先使用権の判断動向と実務上の課題", 『知財管理』, Vol.69 No.11(2019), 1529면. (f) 前田健, "先使用権の成立要件－制度趣旨からの考察", 『特許研究』, No.68(2019), 21면. (g) 中山信弘, 『特許法』, 第4版, 弘文堂, 2019, 574면. (h) 土肥一史, "特許法における先使用権制度", 『日本工業所有権法学年報』, 第26号(2002), 161면. (i) 松本重敏, "先願主義と先使用権", 工業所有権の基本的課題(上), 復刊版, 有斐閣, 1984, 478면. (j) 鈴木英明, "先使用権制度の存在意義", 『知財ぷりずむ』, Vol.9 No.99(2010), 37면. (k) 鈴木英明, "先使用権制度における公平説再考", 『日本知財学会誌』, Vol.8 No.3(2012), 93-94면.

291　국내의 학설은 공평설과 경제설을 합한 공평・경제설이 지지를 받고 있는 것으로 설명하고 있으나, 이는 공평설을 기반으로 경제설을 부가한 것으로 사료된다. 자세한 내용은 다음의 논문 참고. (a) 김민희, "특허침해소송에 있어서의 선사용의 항변에 관한 연구－특허법 제103조의 선사용권에 기인하여", 『한국지적소유권학회』제5권(2001), 41면. (b) 윤선희, "선사용권에 의한 통상실시권", 『산업재산권』, 제16호(2004), 6-8면.

292　ウォーキングビーム事件, 最高裁, 昭和61年10月3日判決, 昭和61年(オ)454号, 民

특허권자와 선사용자의 공평을 기하는 것에 있다"고 판결하였듯이, 일본에서의 학설과 판례는 공평의 관점을 중시하고 있다.

　최근 일본지적재산고등법원의 판결 중에, 수치한정발명과 관련된 의약 판결(본건 판결)이 선사용권과 관련하여 이례적인 판결로 주목받고 있다. 즉, 본건 판결은 선사용권의 성립과 관련하여, 선사용자(실시자)에게도 특허 발명에 관한 기술적 사상의 인식을 요구하는 것으로 해석되어, 기존의 판결과 그 성립요건을 달리하는 것은 아닌지 일본 내의 많은 연구자에 의해 논의되고 있다.[293] 대체로 이와 관련하여, 본건 판결이 그대로 적용될 경우, 선사용권의 성립은 더욱 어렵게 되

集40巻6号1068頁.

293　(a) 前田健, 앞의 글[주 290(f)], 25-26면. (b) 五十嵐光永, "ピタバスタチン固形製剤を気密包装体に収容してなる医薬品事件", 一般社団法人弁理士クラブ(編), 実務家のための知的財産権判例70選2018年度版, 発明推進協会, 2018, 226-229면. (c) 玉腰紀子, "医薬事件", 一般社団法人弁理士クラブ(編), 実務家のための知的財産権判例70選2019年度版, 発明推進協会, 2019, 212-215면. (d) 宮前尚祐, "数値限定発明に対する先使用権を否定した事案", 『パテント』, Vol.72 No.3(2019), 90-94면. (e) 岡田誠, "知的財産高等裁判所平成30年4月4日判決(平成29年(ネ)10090号) 数値限定発明に係る特許権と先使用権について", 『AIPPI』, Vol.64 No.5(2019), 22-35면. (f) 岩瀬吉和, "ピタバスタチンについての先使用権の抗弁が認められないとされた事例", 現代民事判例研究会(編), 民事判例17—2108年前期, 日本評論社, 2018, 134-137면. (g) 田中康子, "最近の医薬品特許訴訟における注目論点", 『国際商事法務』, Vol.47 No.3(2019), 331-336면. (h) 重冨貴光, "先使用権の成立要件「対象製品に具現された技術的思想」と「特許発明の技術的思想」の同一性", 『知財管理』, Vol.69 No.3(2019), 378-387면. (i) 田村善之, "特許法の先使用権に関する一考察(2)—制度趣旨に鑑みた要件論の展開", 『知的財産法政策学研究』, Vol.54 (2019), 129-142면. (j) 吉田広志, "パブリック・ドメイン保護の観点からの新規性と先使用の再構成", 『パテント』, Vol.72 No.12(別冊No.22)(2019), 66-74면.

고, 선사용권의 취지를 몰각하는 결과를 초래한다는 비판이 주를 이루고 있으나, 본건 판결이 이와 같이 내려진 원인에 대해서는 자세한 보고가 없다.

그러므로 이 장에서는 지금까지의 일본 내에서의 논의를 바탕으로, 공평의 관점에서 본건 판례를 재검토한다. 이를 통하여, 특허 발명이 수치한정발명인 경우, 이에 대한 선사용권의 성립을 위하여 기존의 성립 요건 이외에 추가적인 성립 요건을 요구하는지 재검토함은 물론이며, 이와 유사한 사건이 우리나라에 발생 시 적용가능한 시사점을 도출하고자 한다. 또한 본고에서는 본건 판례를 선사용권과 관련된 판결부분 이외에 무효사유 판결부분도 함께 검토하여, 본건 판결이 내려진 원인에 대해서도 검토한다.

본건 판결의 내용

1 사건의 개요

'의약'에 관한 본건 판결은 특허권자인 항소심 피고(이하 'X'라 함)가 실시자인 항소심 원고(이하 'Y'라 함)가 제조·판매하는 제품(의약품)에 대하여, 특허권 침해 및 Y 제품의 폐기를 청구한 사안이다. X는 Y 제품에 대하여, X 자신의 특허(일본 특허제5190159호, 이하 '본건 특허'라 함)의 청구항1 및 2에 기재된 발명(이하 '본건 발명1 및 2'라 함)의 기술적 범위에 속한다고 주장하였다.[294] 그 후, 제1심(원심)의 제9차 변론에서 본건 발명1에 기초한 청구는 철회하였다.

---

294 본건 특허는 PCT 출원되었으며, 우리나라에서는 등록특허 제10-1461841호로 등록되었다.

2 본건 발명1 및 2

(1) 본건 발명1

본건 발명1(본건 특허의 청구항1에 기재된 발명)은 다음과 같이, 구성 요소에 의해 분설된다.

구성 A: 다음의 성분 (A) 및 (B)：

(A) 피타바스타틴 또는 그 염 ；

(B) 카르멜로오스 및 그 염, 크로스포비돈 그리고 결정 셀룰로오스로 이루어지는 군에서 선택되는 1 종 이상 ； 을 함유하고, 또한

구성 B: 수분 함량이 2.9 질량% 이하인 고형 제제가

구성 C: 기밀 포장체에 수용되어

구성 D: 이루어지는 의약품

(2) 본건 발명2

본건 특허의 청구항2에 기재된 발명으로, 본건 발명1에 구성 요소 E가 부가된다.

구성 E: 고형 제제의 수분 함량이 1.5～2.9 질량%인 의약품

3 Y의 실시 내용

Y가 제조한 제품은 피타바스타틴 칼슘 수화물 및 크로스포비돈

(Crospovidone)을 함유하는 정제[구강내 붕괴제(OD정)]를 PTP(press through package) 포장(압박 포장)한 의약품이다. 구성되는 정제(피타바스타틴 및 그 염의 함유량에 의해 '본건 2mg 정제'와 '본건 4mg 정제'가 있다) 중에, 본건 2mg 정제(제품)는 의약품 허가 당국의 제조·판매의 승인 신청을 위해서, 안정성 시험, 생물학적 동등성 시험 및 그 외 시험[임상시험(治驗) 등]에 제공되는 목적으로 제조되었다. 여기에서 정제의 판매를 위한 제품을 '실생산품'이라 하며, 임상시험 등에 제공된 것은 '샘플약'이라 한다.

한편, 본건 판결에서 다툼이 된 것은 본건 4mg 정제(유효성분인 피타바스타틴 칼슘 수화물을 4mg 함유하는 의약품)로서, 수분 함량이 본건 발명2의 기술적 범위인 1.5~2.9 질량%의 범위에 속하였다.

4 쟁점 사항

(1) Y에게 선사용권이 인정되는가?

Y는 "본건 특허의 출원일 이전에 제조된 본건 2mg 정제의 실생산품(로트번호: B062)의 수분함량(칼 피셔법에 의해 측정)과 본건 2mg 정제의 샘플약(로트번호: PTVD-203. 정제 제조후, PTP 포장과 알루미늄 포장을 했으며, 그 상태 그대로 Y의 중앙 연구소의 검체 창고에 보관, 제조 당시의 수분함량으로 보존되고 있다고 주장하였다)의 수분 함량(칼 피셔법에 의해 측정)이 본건 발명2의 범위 내에 있다"고 주장하였다. 또한 "본건 4mg

정제는 각 성분의 양을 단순히 2배로 한 것으로, 수분함량에 대한 차이가 없으므로, 본건 4mg 정제에 대해서도 본건 2mg 정제가 갖는 선사용권의 범위에 속한다"고 주장하였다.

다시 말해, "본건 2mg 정제의 샘플약(로트번호: PTVD-203)의 제조에 이용된 A과립 및 B과립(본건 2mg 정제 및 본건 4mg 정제의 제조에 사용되는 2 가지의 과립으로, 유효성분을 포함하는 하나의 과립을 'A과립' 또 다른 과립을 'B과립'이라 하며, 별도로 제조해서, 혼합·타정하여 정제로 만든다)의 제조 당시 각 수분 함량(건조감량 측정법에 의한 측정값)은 본건 2mg 정제의 실생산품(로트번호: B062)의 제조에 이용된 A과립 및 B과립의 각 수분 함유량(건조감량 측정법에 의한 측정값)과 동일하다"고 하였으며, "본건 4mg 정제의 샘플약(로트번호: PTVD-303)은 제조시 정제의 수분 함량은 측정하지 않았지만, 그 제조에 이용되는 A과립 및 B과립의 제조 시 각 수분함량(건조감량 측정법에 의한 측정값)은 본건 4mg 정제의 실생산품(로트번호: B102)의 제조에 이용된 A과립 및 B과립의 제조 시 각 수분함량(건조감량 측정법에 의한 측정값)과 동일하다"고 주장하였다.

이에 대하여, X는 "실생산품과 샘플약과는 적어도 B과립의 수분 관리 범위가 다르므로, 샘플약이 실생산품과 동일 공정에 의해서 제조된 것이라 할 수 없다"고 하며, "샘플약이 제조된 당시의 것이 아닌 점, PTP 포장 및 알루미늄 포장을 하더라도 흡습성이 있는 점은 많은 의약품에서 확인되었으므로, 상기 샘플약에 대해서도 보존 중에 수분함량이 증가될 가능성이 높으므로, 제조 당시 본건 발명2의 구성 요소 E

를 갖추었다고 입증할 수 없다"고 반론하였다.

또한 "A과립 및 B과립의 제조 당시의 각 수분 함량(건조감량 측정법에 의한 측정값) 및 그것에 기초하여 산출한 샘플약의 수분 함량을 주장하고 있으나, Y가 주장하는 칼 피셔법에 의한 측정치와 괴리가 있다"고 하며, "상기 샘플약이 그 제조 당시에 본건 발명2의 구성 요소 E를 갖추었다는 것을 입증할 수 없으므로, 다른 로트에 대해서도 동일하게 구성 요소 E를 갖추었는지가 불명료하여, 본건 2mg 정제(제품) 및 본건 4mg 정제(제품)의 내용이 일의적으로 확정되었다고 볼 수 없다"고 반론하였다.

(2) 무효사유에 대하여

Y는 "선행기술(을7발명)에 락톤체의 생성을 억제하는 것을 목적으로, 구강 내 붕괴형 정제에 선택적으로 첨가제를 포함하여 형성되는 제조예가 피타바스타틴 칼슘과 크로스포비돈 또는 결정 셀룰로오스를 함유하는 정제로서 개시되어 있다"고 하며, 본건 발명2의 진보성 결여를 주장하였다. 또한 "락톤체의 생성을 가능한 한 적게 하기 위해, 상술한 주지의 기술에 의하여 수분량을 저감시켜 '1.5 ~ 2.9 질량%' 범위로 적절하게 할 수 있다"고 하였으며, 해당 수분 함량의 하한치인 "1.5 질량%"에는 하한치로서의 의의도 시사되지 않았다고 주장하였다.

이에 대하여 X는 "본 발명의 고형 제제의 수분 함량을 1.5 질량% 이상으로 한 경우, 락톤체와는 다른 분해물인 5-케토체의 생성을 억제할 수 있다"고 명확하게 기재하였다고 반론하였다.

원심[295] 의 판단

(1) 선사용권에 대하여

원심에서는 "가령, 본건 2mg 정제의 샘플약인 PTVD-203 및 본건 4mg 정제의 샘플약인 PTVD-303의 수분 함량이, 그 제조 당시 본건 발명2의 구성 요소 E의 수치 범위 내에 있었더라도, 곧바로 본건 2mg 제품 및 본건 4mg 제품의 내용이 일의적으로 확정되었다고 할 수 없다"고 하여, 제조 방법 및 포장 등에 관한 관리가 제어(컨트롤)되고 있었는지 알 수 없어, 다른 로트의 정제에서 수분 함량이 얼마큼이었는지 명확하지 않게 되므로, 해당 구성 요소를 구비했는지 명확하지 않다고 판시하였다.[296]

또한 측정 방법에 따른 측정치에 부자연스러운 괴리가 있고, PTVD-201의 B과립의 수분 함량(건조측정)이 측정 에러라고 볼 만한 객관적인 근거가 없는 것을 이유로, "본건 출원일까지 본건 2mg 제품 및 본건 4mg 제품의 내용이 본건 발명2의 구성 요소 E를 갖춤에 있어서 일의적으로 확정되었다고 인정할 수 없고, 본건 발명2를 이용하는 사업에 대하여, Y가 즉시 실시의 의도를 가지며, 또한 그 즉시 실시의 의도

---

295 東京地裁, 平成29年9月29日判決, 平成27年(ワ)30872号.
296 후술하는 경구투여용 흡착제 사건[東京地裁, 平成21年8月27日判決, 平成19年(ワ)3494号]에서도, 안정성 시험을 위한 3개 로트의 부활시간이 서로 달라, 피고 제품의 내용이 일의적으로 확정되지 않았다는 이유로 선사용권이 부정되었다.

가 객관적으로 인식될 정도로 표명되었다고 할 수 없다"고 판시하였다.

(2) 무효사유에 대하여

선행기술과의 차이점을 판단함에 있어서, 특히 본건 발명2의 수치범위에 대한 근거 및 동기 부여가 선행기술에 없는 점을 이유로 Y의 주장을 배척하였다. 또한 "하한치의 임계적 의의가 구체적인 기술적 근거를 동반하여 명확하다고 할 수는 없더라도, 통상의 기술자가 수치범위(1.5~2.9질량%)에 관한 본건 발명2의 구성에 도달하는 것이 용이하지 않다는 판단이 좌우되는 것은 아니다"라고 하여 수치 한정을 인정하였다. 이는 파라미터발명의 임계적 효과를 기술분야의 관련성, 과제해결의 공통성 및 작용효과의 정도 등을 종합하여 판단하는 최근의 일본지적재산고등법원의 판례 경향과 일치한다.[297][298]

6 항소심(본건 판결)의 판단

(1) 선사용권에 대하여

"샘플약을 제조로부터 4년 이상이 지난 후에야 측정한 시점에서의

---

[297] 柏延之, "数値限定発明の特許性判断における実験データを巡る攻防の留意点", 『知財管理』, Vol.65 No.8(2015), 1115-1116면.

[298] 小谷昌崇, "特許発明の効果の捉え方, 及び数値限定発明", 小松陽一郎先生還暦記念論文集刊行会(編), 最新判例知財法, 青林書院, 2008, 14면.

수분 함량이 본건 발명2의 범위 내에 있더라도, 샘플약의 제조 당시의 수분 함량도 동일하게 본건 발명2의 범위 내에 있었다고 할 수 없다. 또한 실생산품의 수분 함량이 본건 발명2의 범위 내라고 해서, 샘플약의 수분 함량도 동일하게 본건 발명2의 범위 내에 있었다고 할 수 없다. 오히려 샘플약 내의 과립에 대한 수분함량을 기초로 산출하면, 샘플약의 수분 함량은 본건 발명2의 범위 내에 없었을 가능성도 부정할 수 없다. 그 외, 샘플약의 수분 함량이 본건 발명2의 범위 내였다는 것을 인정할 만한 증거도 없다. 그러므로 Y가 본건 특허출원 전에 제조, 임상시험 등을 실시하였던 본건 2mg 정제의 샘플약 및 본건 4mg 샘플약의 수분 함량은 어느 것도 본건 발명2의 범위 내에 있었다고 할 수 없다"고 판시하여 원심을 수긍하였다.

한편 "설령 본건 2mg 정제의 샘플약 또는 본건 4mg 정제의 샘플약의 수분 함량이 1.5~2.9 질량%의 범위 내에 있었다 하더라도, 샘플약에 구현되는 기술적 사상이 본건 발명2와 동일한 내용이라고는 할 수 없다"고 하며, "Y는 본건 특허출원일 이전에 본건 2mg 정제의 샘플약 및 본건 4mg 정제의 샘플약을 제조함에 있어, 샘플약의 수분 함량을 1.5~2.9 질량%의 범위 내 또는 이것이 포함되는 범위 내가 되도록 관리하고 있었다고 하더라도, 1.5~2.9 질량%의 범위 내에서의 일정한 수치가 되도록 관리하고 있었다고는 인정할 수 없다"고 부연하였다. 이와 같은 선사용권의 판단에 대하여, 서론에 기재한 바와 같이, 선사용권을 인정받기 위해서는 선사용자에게도 특허권자와 같은 정도로 특허 발명에 관한 기술적 사상의 인식이 요구되는 것인지와 관련

제5장 수치한정발명에 대한 선사용권의 성립요건 고찰

해 논란이 되었다.

(2) 무효사유에 대하여

원심 판결을 인용하며, "본건 발명2는 수분 함량의 하한치인 1.5 질량%에 임계적 의의를 찾아내는 것은 아니므로, 그 하한치에 있어서, 5-케토체의 생성이 현저하게 억제되는지 아닌지는 본건 발명2의 진보성 판단을 좌우할 수 없다"고 하였다. 또한 "본건 발명2에 있어서, 수분 함량에 대한 하한치의 설정은 5-케토체의 생성 억제를 일정 정도 이하로 제어하는 것을 의미하며, 이는 본건 명세서의 실시예로 기재되어 있다"고 하여 Y의 주장은 채용하지 않았다.

검 토

1 선사용권 성립에 관한 원심과 항소심의 판단 차이

본건 판결은 수치 한정이 쟁점이 되었으며, X는 이를 위하여 본건 발명1에 대한 청구를 철회한 것으로 사료된다. 한편, Y의 선사용권 주장에 대하여, 원심과 항소심 모두에서 Y의 실시는, 제조 당시의 수분 함량이 본건 발명2의 수치 범위 내에 속한다는 것을 입증하는 증거부족으로 인하여 인정되지 못하였다. Y의 샘플약의 수분 함량을 측정한 시기는 샘플약의 제조로부터 4년 이상 경과한 이후였다. 또한 A과립 및 B과립 이외의 첨가제의 수분 함량이 불명료하며, 샘플약과 실생산품 간에 B과립의 수분 함량의 관리범위가 변경되기도 하였다. 그 때문에 원심은 Y의 실시에 대하여 "내용이 일의적으로 확정되지 않았으므로, 즉시 실시의 의도를 갖고, 또한 그 즉시 실시의 의도가 객관적으로 인식될 정도로 표명되었다고 할 수 없다"고 판단하였다.

제5장 수치한정발명에 대한 선사용권의 성립요건 고찰

한편, 항소심에서는 "여기에서 특허법 제79조가 말하는 '발명의 실시인 사업의 준비를 하고 있는 자'란 적어도 특허출원에 관한 발명의 내용을 모르고 자신이 그것과 동일한 내용의 발명을 한 자 또는 그러한 자로부터 지득한 자를 의미한다. 그러므로 Y가 선사용권을 갖는다고 말할 수 있으려면, 샘플약에 구현된 기술적 사상이 본건 발명2와 동일한 내용의 발명이지 않으면 안 된다"고 판시하여, 전술한 바와 같이 선사용권의 판단시 특허 발명에 대한 기술적 사상을 요구하는 것은 아닌지 일본 내에서 많은 논의가 진행되고 있다.

그러므로 이번 장에서는 원심과 항소심에서 선사용권 성립의 판단기준이 된 '일의적 확정(사업의 준비)'과 '기술적 사상(선사용에서의 발명의 완성)'에 대하여 검토하고자 한다. 한편, 선사용권의 성립요건으로서 사업의 준비는 발명의 완성을 전제로 하는 것으로 해석이 가능하므로, 발명의 완성을 먼저 검토하기로 한다.

2 기술적 사상과 발명의 완성

특허법상 발명이란 "자연법칙을 이용한 기술적 사상의 창작으로 고도한 것"으로 정의되어 있으며, 기술적 사상은 발명의 근간이라 할 수 있다.[299] 한편, 선사용권의 조문에서는 "특허출원 시에 그 특허출원된

---

299 일본 특허법 제2조에 발명이 정의되어 있으며, 발명의 정의 규정은 우리나라와 동일하다.

발명의 내용을 알지 못하고 그 발명을 하거나 그 발명을 한 사람으로 부터 알게 되어"로 규정되어 있어, 선사용권의 성립은 발명의 완성을 전제로 한 것이라는 의견[300] 과 "발명이 미완성이면, 특허법 제79조가 선사용권 성립을 위해서 요구하는 발명의 실시화가 특허권자의 출원 보다 늦어지는 것을 의미하게 된다"라고 하여, 발명의 완성을 요구하 는 것으로 해석한다.[301]

기술적 사상에 대해서는 "'스스로 그 발명을 한 자'로 하기 위해서는 선사용 발명의 실시자가 이러한 의미에 대하여 스스로 선사용 발명에 관한 기술적 사상의 창작을 한 것이 필요하다"는 의견[302] 이 있는 한 편, "선사용의 항변에는 기술적 사상으로 높은 레벨까지 파악될 필 요는 없으며, 실시(주로 생산)에 필요한 한도로 선사용자가 이해하고 있다면 족하다"는 의견[303] 이 있다. 또한, "선사용에 관한 발명과 특허 발명의 동일성을 요구하는 것은 자신이 컨트롤할 수 없는 우발적 사정 에 의해 선사용권의 성립을 부정하게 되므로, 제도의 취지를 달성할 수 없다"고도 한다.[304]

한편, 발명의 완성에 관하여 워킹 빔 사건에서는, "물건의 발명에서

---

300 富岡健一, "先使用權の要件と效果について", 『特許管理』, Vol. 38 No. 1(1998), 7면.
301 田村善之, 『知的財産法』, 第5版, 有斐閣, 2010, 284면.
302 竹田稔, 松任谷優子, 앞의 책[주 290(b)], 254면.
303 吉田広志, 앞의 글[주 293(j)], 69면.
304 田村善之, 앞의 글[주 293(i)], 137면.

그 물건이 현실로 제조되거나 그 물건을 제조하기 위한 최종적인 제작 도면이 작성되는 것까지는 반드시 필요치 않으며, 그 물건의 구체적 구성이 설계도면 등에 의해서 표시되고, 해당 기술분야에 있는 통상의 지식을 가진 자가 이것에 기초하여 최종적인 도면을 작성하고 그 물건을 제조하는 것이 가능한 상태로 되어 있으면, 발명은 완성되었다고 할 수 있다"라고 하였으며, "'사업의 준비'란 그 발명에 대하여 당장 사업의 실시의 단계에는 이르지 못했지만, 즉시 실시의 의도를 갖고 있으며, 또한 그 즉시 실시의 의도가 객관적으로 인식될 정도로 표명된 것을 의미한다"고 판시하였다. 즉, 발명의 지배를 전제로 발명의 완성을 사업의 준비와 구별하고 있다.[305] 이러한 워킹 빔 사건은 발명의 완성을 판단한 뒤 사업의 준비를 판단하는 대신에, 발명의 완성과 사업의 준비를 동시에 판단하였다. 그 결과 종전의 판례보다는 사업의 준비를 조기에 인정한 것으로 평가된다.[306] 결국 워킹 빔 사건이 의미하는 발명(또는 기술적 사상)은 실시자 자신이 지배하고 있는 범위 내에서의 인식을 전제로 한 것이다.

그렇다면 선사용자(실시자)에게 특허 발명에 관한 기술적 사상의 인

---

305 富岡健一, "先使用権に関する諸問題", 『日本工業所有権法学年報』, 第11号(1988), 30면.
306 (a) 牧野利秋, 앞의 책[주 290(d)], 193면. (b) 佐藤祐介, "先使用権の成立要件である「事業の準備」", 『判例時報』, 1928号(2006), 175면. (c) 板井典子, "先使用権の要件である「事業の準備」の認定", 『パテント』, Vol.62 No.2(2009), 58면. (d) 松尾和子, "特許法79条の「事業の準備」の認定及び実施形式の変更と先使用の効力の及ぶ範囲", 『特許管理』, Vol.35 No.11(1985), 1317면.

식이 필요한가? 이와 관련하여 "특허출원에 관한 발명의 내용을 알지 못하고, 동일한 기술적 사상을 창작하는 것을 증명하기란 불가능에 가깝다"라는 의견[307]과 공연 실시에 의한 무효를 고려할 때, 실시자의 주관이 반드시 중시되는 것은 아니다"라는 의견[308] 등으로, 선사용자에게 특허 발명에 관한 기술적 사상의 인식을 요구하는 것에 대해서는 부정적이다. 그러나 본건 판결과 같이, "일정한 수치가 되도록 관리하고 있었다고는 인정할 수 없다"라고 한다면, 특허 발명의 내용을 모르고 특허 발명의 수치 범위에 속하는 발명을 한 자에게 선사용권의 성립을 인정한 종전의 판례[309]와는 상충하게 된다. 그러므로 종전의 판례와 워킹 빔 사건에서의 지배의 의미(워킹 빔 사건이 의미하는 발명의 지배는 특허성을 완비한 지배를 의미하는 것은 아닌 것으로 사료된다)를 다시 고려한다면, 선사용 발명의 발명 완성의 개념은 특허 발명에 대한 특허성 판단보다 유연하게 해석할 필요가 있다.[310]

3 사업의 준비와 일의적 확정

상술한 바와 같이, 워킹 빔 사건에서의 '사업의 준비'란 그 발명에 대하여 당장 사업의 실시의 단계에는 이르지 못했지만, 즉시 실시의 의

---

307 田中康子, 앞의 글[주 293(g)], 334면.
308 岡田誠, 앞의 글[주 293(e)], 33면.
309 知財高裁, 平成24年7月18日判決, 平成24年(ネ)第10016号.
310 吉田広志, "特許法79条先使用権の主張が認められた事例", 『新・判例解説Watch』 Vol. 13(2013), 210면.

도를 갖고 있으며, 또한 그 즉시 실시의 의도가 객관적으로 인식될 정도로 표명된 것을 의미한다. 이와 같은 사업의 준비 요건이 의약 분야의 선사용과 관련해서는 이른바 '내용의 일의적 확정'을 통해서 더욱 한정된다. 이와 관련하여 대표적인 판례로 브래뉴트 과립(BRANUTE GRANULES) 사건[311]과 경구투여용 흡착제 사건[312]을 검토한다. 이들 판례에 있어서, 실시자는 후발 의약품을 제조·판매하고 있었다. 한편, 특허권자는 선발 의약품인 기초 특허의 일부 구성을 한정하여 별도의 특허로서 권리화하였으며, 이를 권리행사하는 것으로 사료된다.[313]

우선 브래뉴트 과립 사건의 경우, 실시자는 임상시험약(治驗藥) 제조 작업을 수행하였으며, 특허출원일 전후로 특허발명의 유효 성분(주요 성분)과 관계가 없는 공정의 일부와 첨가물을 변경하였다. 이것에 대하여, "임상시험약 제조 순서 원안으로부터 4차안에 걸쳐서, 입자화 당시 반죽액 및 과립 피막액의 성분인 첨가물을 변화시킨 것은 과립의 용출 속도 조절, 각 과립의 분화(粉花) 개선, 피막 당시의 끈적임 개선을 위해 기술적으로 의미가 있다"라고 하여, 시험 및 제조승인의 대상이 되는 의약품의 내용이 일의적으로 확정되지 않은 것을 이유로 사업의 준비를 부정하였다.

---

311 東京地裁, 平成17年2月10日判決, 平成15年(ワ)19324号.
312 앞의 글(주 296).
313 片山英二, 岡本尚美, "特許法79条の「事業の準備」に係る判断基準", 『知財管理』, Vol. 60 No.8(2010), 1344면. 한편, 본건 판결의 Y는 제네릭 의약품을 제조·판매하는 제약회사로서 후발 의약품의 실시자로 사료된다.

한편, 경구투여용 흡착제 사건에서는 안정성 시험을 수행하기 위하여 준비한 3개의 로트(KK-1, KK-2, KK-3)의 부활시간이 서로 달랐다. 이와 관련하여, 부활시간은 흡착제의 세공 구조에 영향을 주며 이는 충진 밀도의 감소 및 비표면적의 증가로 이루어지는 일련의 관련성을 고려한다면, 피고 제품의 내용이 일의적으로 확정되지 않았다고 하였다. 그 결과 사업의 내용이 확정되지 않은 것으로 선사용권이 부정되었다.

위의 두 사건으로부터 실시 대상물이 후발 의약품에 해당하는 경우, 후발 의약품의 실시자는 기본 특허의 기술적 사상을 알고 있음은 물론이며, 기본 특허의 일부 구성을 한정 또는 개량한 기술적 사상에 대해서도 알고 있을 개연성이 높다고 사료된다.[314] 그러나 실시자에 의한 개량은 종료되었을지라도, 복수의 개량 실시후보로부터 실시를 위한 최종 선택은 새롭게 권리화된 특허보다 늦었을지 모른다. 다시 말해, 선사용권의 성립 요건이 발명의 완성만으로 인정되지 않고, 사업의 준비가 있을 때 비로소 인정되는 것을 고려한다면, 일의적 확정은 발명

---

314 브래뉴트 과립 사건과 경구투여용 흡착제 사건에서 일의적으로 확정되지 않은 것은 특허 발명의 구성 및 그 구성에 직접적인 영향을 주는 구성의 변경은 아니었으나, 두 사건의 판결은 간접적 영향이 있는 구성의 변경에 대해서도 엄격하게 판단하였다. 이는 의약 발명에 있어서의 엄격성을 의미하기도 한다. 다음의 논문 참고 (a) 佐藤祐介, 앞의 글[주 306(b)], 175면. (b) 板井典子, 앞의 글[주 306(c)], 60-62면. (c) 片山英二, 岡本尚美, 앞의 글(주 313), 1348면. (d) 生田哲郎, 佐野辰巳, "先使用権の有無および特許権者等が特許発明ではない競合品を実施していた場合に特許法102条2項が適用された事例", 『発明』, Vol. 107 No. 2(2010), 49- 51면.

의 완성에 적용되기보다는 발명에 관한 사업을 실시(준비)하기 위한 내용의 일의적 확정으로 해석해야 할 것이다.[315]

4 수치한정발명과 선사용권

본건 판결이 선사용권을 부정한 것에 대하여, "특허 발명이 특수 파라미터를 구성 요소로 하는 경우에는, 선사용 발명이 동일한 기술적 사상에 기초한다는 것은 있을 수 없으며, 그 결과 선사용권이 부정되는 결과로 귀착되는 것은 타당하지 않다"라는 의견[316] 과 "후발 의약품 메이커 자신의 이노베이션에 기초한 제품이더라도 우연히 후발 의약품 메이커가 착안하지 못한 요소의 수치 한정에 저촉되어 버리면 특허 침해로 될 가능성을 불식시킬 수 없다"고 주장한다.[317] 또한 본건 판결 이전에도 "밖에서 보았을 때 거창한 기본적 발명을 한 경우보다도, 단순한 개량 발명이 선사용의 성립을 곤란하게 할 우려가 있다"라는 의견[318] 과, 특히 의약 관련 특허에 대하여 선사용권의 성립이 어렵다

---

315 국내에서의 선사용권 활성화를 위하여 사업의 준비 요건을 넓게 해석하거나, 삭제하자는 주장[(a)조영선, "특허법상 선사용권(先使用權) 제도의 운용에 대한 검토", 『인권과 정의』, Vol.421(2011), 62-63면. (b) 박주현, "특허의 선사용권제도 개선 방안에 관한 고찰", 『법학논총』, 제39권 제2호(2019), 231-232면.]이 있다. 그러나 선사용권이 발명의 완성이 아닌 발명에 관한 사업의 실시(준비)를 보호하는 규정인 점 및 특허권자와의 공평의 관점을 고려하면, 사업의 준비 요건을 삭제하는 것보다는 폭넓게 해석함이 바람직한 것으로 사료된다.

316 前田健, 앞의 글[주 290(f)], 25-26면.

317 田村善之, 앞의 글[주 293(i)], 139면.

318 田中成志, "先使用權の成立要件である「事業の準備」", 中山信弘 외 4인(編), 竹田

는 비판이 있다.[319] [320]

한편, 워킹 빔 사건은 선사용권의 효력을 발명사상설의 관점에서, "실시 형식뿐 아니라 이것에 구현된 발명과 동일성을 잃지 않는 범위"까지 인정했으나, 수치한정발명의 경우, 해당 수치한정이 발명의 본질적 부분에 해당되어, 균등침해의 성립요건 중 본질적 부분과 의식적 제외 부분이 인정되지 않으므로, 균등의 여지가 없게 된다.[321] [322] [323] 그 결과 수치한정발명에 대해서는 선사용권의 성립을 더욱 어렵게 한다.

다른 한편으로, 후발 의약품의 관점에서 살펴보면, 후발 의약품 메이커는 최신의 기술 수준에서 적어도 10년 이전의 제품을 제조하는 것이 된다.[324] 가령 선발 의약품인 기초 특허의 일부의 구성을 한정하여, 별도의 특허가 된 경우(개량 특허), 후발 의약품의 실시자에 의한 개량 특허의 실시에 대해서도, 선발 의약품에 의한 퍼블릭 도메인

稔先生傘寿記念知的立国の発展へ, 発明推進協会, 2013, 298면.

319 片山英二, 岡本尚美, 앞의 글(주 313), 1348면.

320 早見禎祥, "先使用権における「事業の準備」", 村林隆一先生傘寿記念委員会(編), 村林隆一先生傘寿記念知的財産権侵害訴訟の今日的課題, 青林書院, 2011, 190면.

321 村田真一, "数値限定発明等", 小松陽一郎, 伊原友己(編), 特許・実用新案の法律相談I, 青林書院, 2019, 143면.

322 原裕子, "数値限定発明について", 『知財管理』, Vol.58 No.11 (2008), 1518면.

323 生田哲郎, 高橋淳, "数値限定発明において均等侵害が否定された事件", 『発明』, Vol.101 No.8 (2004), 96-97면.
     〈https://www.hanketsu.jiii.or.jp/hanketsu/jsp/hatumeisi/news/200408news.html〉
     검색일: 2020.3.4.

324 樫出庄治, "後発品の製造承認申請のための試験は,特許法第69条第1項の「試験又は研究」に該当するか", 『AIPPI』Vol.43 No.8(1998), 10면.

(public domain)의 내부 기술로 간주하여, 선사용권을 인정해야 한다는 의견이 있다.[325] 이를 위하여, 개량 특허의 수치한정을 비롯한 일부 구성의 한정에 대하여 엄격한 심사를 요구하기도 한다. 그러나 이러한 주장과 달리, 한정된 수치 범위 이외이거나, 수치 범위 이내이더라도, 그 수치 범위가 갖는 기술적 사상을 모른다면, 본건 판결과 같이 선사 용권을 부정해야 할 것인가? 이는 결국, 후발 의약품이 선발 의약품의 신용에 프리 라이딩(free riding)하는 범위를 어디까지 인정할 것인가로 귀결된다.[326]

---

325 吉田広志, 앞의 글[주 293(j)], 72-74면.
326 樫出庄治, 앞의 글(주 324), 14면.

IV

본건 판결의 재검토 및 시사점

1 본건 판결의 재검토

III.2.에서 검토한 바와 같이, 선사용자(실시자)가 실시하는 발명 및 그 발명의 완성은, 선사용자 자신이 발명을 실시하기 위한 발명의 지배를 의미하므로, 특허 발명에 대한 특허성 판단보다는 유연하게 판단해야 할 것이다. 또한 본건 판결과 같은 수치한정발명에 있어서, 선사용자가 실시하는 발명이 특허 발명의 수치 범위에 속하게 될 경우, 선사용자는 자신이 실시하는 발명을 지배하고 있는 점에는 변함이 없다. 그러므로 수치한정발명에 대한 선사용권의 성립요건으로 선사용자에게도 특허 발명에 대한 기술적 사상의 인식을 요구하는 것은, 수치한정발명에 대한 선사용권의 성립을 더욱 어렵게 하므로 바람직하지 않은 것으로 사료된다.

그렇다면 본건 판결이 기술적 사상을 요구한 것은 왜일까? 그것은 선사용권의 판단과 무효 판단의 논리적 일치를 위해서 내려진 판단이 아닐까 하고 사료된다. 이것에 대해 설명하면 다음과 같다.

원심과 항소심은 결과적으로 선사용권과 무효의 판단에 있어서, 증거 불충분으로 Y의 주장이 인정하지 않았으나, 무효의 판단에 있어 Y의 주장으로부터 판단컨대, Y는 해당 수치범위(특히, 하한치)에 대하여, 큰 의미를 두지 않는 인상을 주었다. 다시 말해, Y는 해당 수치범위의 의미(기술적 사상)는 공지 기술로부터 적당히 얻어질 수 있는 범위로 주장하였으며, 이에 대한 구체적인 근거는 제시하지 못하였다.

한편, 본건 판결의 선사용권 판단에 관한 부연 부분은 선사용자(실시자)가 특허 발명의 기술적 사상을 인식하지 못한 것으로부터 발명의 완성을 부정하게 되고, 이는 차례로 발명의 완성을 전제로 하는 사업의 준비(일의적 확정)를 부정하는 논리로도 볼 수 있다.[327] 그러나 일의적으로 확정되지 않은 것만을 이유로 선사용권을 부정하게 된다면(즉, 사업의 준비를 부정하는 경우), III.3.에서 검토한 바와 같이, Y는 이미 특허 발명과 동일한 발명을 (독자적으로) 완성했을 개연성이 크다. 다만, 발명에 관한 사업을 실시하기 위한 내용이 일의적으로 확정되지 않은 것에 해당하게 되므로, 특허 발명에 관한 기술적 사상은 인식하고 있었던 것으로 볼 수 있다. 그 결과 무효 판단과 선사용권 판단 사이에 기술적 사상을 인식하고 있었는지에 대한 모순이 발생할 우려가 있게

---

327 重富貴光, 앞의 글[주 293(h)], 384면.

되므로, 본건 판결에서는 선사용권의 판단에도 기술적 사상을 요구한 것으로 추측된다.[328] 그 결과 본건 판결은 종전과는 다르게 보다 엄격하게 된 것으로 사료된다.

2 수치한정발명에 대한 선사용권의 성립요건 재검토

수치한정발명에 대한 선사용권의 성립요건으로 선사용자에게도 특허 발명에 대한 기술적 사상의 인식을 요구한 본건 판결과 달리, III.4.에서는 수치한정발명에 의해서 선사용권의 인정이 어렵게 되는 것에 부정적인 견해가 다수 존재하며, 퍼블릭 도메인 관점에서 선사용권의 요건 완화를 주장하기도 한다(IV.1.에서는 수치한정발명의 선사용권에 대하여 별도의 성립요건을 부가하는 것에 대한 부당성을 논하였으므로, 이 절에서는 성립요건 완화 주장을 살펴보기로 한다).

그러나 수치한정발명도 발명 카테고리의 하나로 인정되는 발명이며, 수치한정발명에 대한 특허 또한 엄격한 심사를 거쳐 부여되는 권리이므로, 상기의 부정적인 견해를 그대로 받아들이기에는 무리가 있다. 그러므로 선발 의약품의 개량 및 수치 범위가 갖는 의미의 파악에 뒤늦은 탓으로, 새로운 특허 발명에 대해서도 뒤늦게 된 실시자에 대

---

328 기술적 사상의 불인식을 이유로 발명의 완성 요건을 부정하는 것이 무효의 판단과 논리적 일치성에서 타당한 것으로 사료된다. 그러나 이 경우, 기술적 사상의 인식 여부 및 이로부터의 발명의 완성을 직접 판단해야 하는 어려움이 있으므로, 판결에서는 사업의 준비(실시) 요건이 선호되는 것으로 사료된다.

하여 새로운 특허 발명에 대해서도 그대로 선사용을 인정하는 것은 선발 의약품으로부터 새로운 권리화를 한 자(특허권자)와 실시자 사이에 공평을 취한 조치로 생각하기는 어렵다. 다시 말해, 후발 의약품의 실시자가 실시하는 개량 특허의 실시에 대해서도 퍼블릭 도메인 내의 실시로 간주하여 선사용권의 성립요건을 완화하는 것은 특허권자의 권리를 과도하게 제한하게 되므로 바람직하지 않다.

이상을 종합하면, 선발 의약품이 수치한정으로 새로운 특허(개량 특허)가 된 경우라 하여, 선사용권의 성립요건을 다른 특허 발명과 다르게 취급할 필요는 없을 것이다.

3 본건 판결의 시사점(기본적 관리의 중요성)

파라미터발명에 대하여, 사업의 실시를 입증하기 위해서는 제품의 보관이 중요한 것으로 알려져 있다.[329] 이 경우, 시계열적인 보존이 효과적이라 할 수 있다. 그러나 본건 판결에서는 Y 자신이 설정한 본건 2mg 제품의 사용 기한인 2년 6개월 및 본건 4mg 제품의 사용 기한인 3년을 훨씬 초과한 4년 후의 샘플약으로 수분 함량을 측정하였다. 만일, 사용 기한 내의 샘플약에 관한 수분 함량 데이터가 존재하였다면, 본건 판결에도 영향이 있었을지도 모른다.

---

[329] 特許第2委員会 第1小委員会, "先使用権に関する判例研究", 『知財管理』, Vol.51 No.9 (2001), 1437면.

또한 Y는 실생산품과 샘플약의 수분 측정은 칼 피셔법을 이용하였으며, 실생산품 및 샘플약의 제조를 위한 A과립 및 B과립의 수분 측정은 건조감량 측정법에 의한 측정을 하였다. 그러나 수치한정발명에서 측정 방법에 따라 측정치가 바뀌는 경우, 해당 수치범위는 인정되지 않을 수 있다.[330] 그러므로 Y는 수분 함량을 측정함에 있어 일관된 측정 방법을 사용하여 데이터를 확보하는 것이 수분함량의 변동이 없음을 주장하기에 더욱 효과적이었을 것으로 사료된다. 결국 수치한정을 비롯한 파라미터의 기술적 의의는 실무적으로는 실험 데이터의 문제로 직결된다고 할 수 있다.[331]

그러므로 수치한정발명을 비롯한 파라미터발명에 대하여 선사용을 인정받기 위해서는, 본건 판결이 요구하는 제조 방법이나 포장 등과 관련된 관리도 물론 중요하나, 제품 사용 기한 내 검수와 같은 기본적인 데이터 관리가 무엇보다 중요하다고 할 수 있다.

---

330 原裕子, 앞의 글(주 322), 1516면.
331 藤井淳, "パラメータ発明におけるサポート要件の充足性", 앞의 책(주 298), 246면.

제5장 수치한정발명에 대한 선사용권의 성립요건 고찰

V

결 론

본건 판결은 의약 사건인 동시에 수치한정발명에 해당하는 특허 발명에 대하여, 선사용권과 특허의 무효가 동시에 판단된 특별한 경우에 해당되는 사건이다. 그로 인하여, 본건 판결은 종전의 판결보다 더욱 엄격하게 된 것으로 사료된다.

본건 판결에 있어서, 선사용자에 대하여 특허 발명에 관한 기술적 사상을 요구하는 것은 선사용권의 판단과 무효 사유의 판단 사이의 논리적 일치를 위해서 부가된 것으로 사료된다. 그렇다 하더라도, 선사용자의 기술적 사상에 대한 인식은 특허성의 판단보다는 유연하게 해석되어야 할 것이다. 그 결과, 수치한정발명으로 새로운 특허 발명을 출원한 특허권자를 보호해야 함은 물론이며, 이와 별도로 선사용자가 지배하는 범위가 특허 발명의 수치 범위 내에 해당하면, 선사용자에 대하여 해당 특허 발명의 기술적 사상의 인식을 불문하고 선사용을 인정해야 할 것이다. 이로부터 특허 발명의 공개와 실시라는 특허제도의 두 축의 균형을 도모할 수 있다.

이와는 달리, 수치한정발명에 대한 선사용권의 성립이 어렵다는 비판과 함께 퍼블릭 도메인 관점에서 수치한정발명에 대한 선사용권의 성립요건을 완화하자는 의견이 있으나, 수치한정발명도 발명의 카테고리 중 하나이고, 엄격한 심사를 거쳐 특허권이 부여되고 있다. 또한 특허권자와 실시자 사이의 공평을 고려하더라도 수치한정발명에 대한 선사용권의 성립요건 완화는 불필요하다.

한편, 선사용자인 실시자가 수치한정발명에 대하여 선사용을 인정받기 위해서는, 선사용자는 자신이 설정한 사용기간 내에 샘플약 등의 경시적 변화를 파악하여, 실시 제품에 관한 데이터를 시계열적으로 보존하는 등 기본적 관리가 필요하다.

〈단행본〉

竹田稔, 松任谷優子, 知的財産権訴訟要論〔特許編〕, 第7版, 発明推進協会, 2017.

牧野利秋, 知的財産権訴訟寸考, 東京布井出版, 2002.

中山信弘, 特許法, 第4版, 弘文堂, 2019.

入山実(編), 工業所有権の基本的課題(上), 復刊版, 有斐閣, 1984.

一般社団法人弁理士クラブ(編), 実務家のための知的財産権判例70選2018年度版, 発明推進協会, 2018.

一般社団法人弁理士クラブ(編), 実務家のための知的財産権判例70選2019年度版, 発明推進協会, 2019.

現代民事判例研究会(編), 民事判例17—2108年前期, 日本評論社, 2018.

小松陽一郎先生還暦記念論文集刊行会(編), 最新判例知財法, 青林書院, 2008.

田村善之, 知的財産法, 第5版, 有斐閣, 2010.

中山信弘 외 4인(編), 竹田稔先生傘寿記念知的立国の発展へ, 発明推進協会, 2013.

村林隆一先生傘寿記念委員会(編), 村林隆一先生傘寿記念知的財産権侵害訴訟の今日的課題, 青林書院, 2011.

小松陽一郎, 伊原友己(編), 特許・実用新案の法律相談 I, 青林書院, 2019.

〈학술지〉

김민희, "특허침해소송에 있어서의 선사용의 항변에 관한 연구—특허법 제103조의 선사용권에 기인하여", 『한국지적소유권학회』, 제5권(2001).

박주현, "특허의 선사용권제도 개선방안에 관한 고찰", 『법학논총』, 제39권 제2호 (2019).

윤선희, "선사용권에 의한 통상실시권", 『산업재산권』, 제16호(2004).

조영선, "특허법상 선사용권(先使用權) 제도의 운용에 대한 검토", 『인권과 정의』, Vol.421(2011).

吉田広志, "先使用権の範囲に関する一考察", 『パテント』, Vol.56 No.6 (2003).

吉田広志, "特許法79条先使用権の主張が認められた事例", 『新・判例解説Watch』, Vol.13(2013).

吉田広志, "パブリック・ドメイン保護の観点からの新規性と先使用の再構成", 『パテント』, Vol.72 No.12(別冊No.22)(2019).

松本武彦, "先使用権－特に「事業の準備」について", 『知財管理』, Vol.50 No.12 (2000).

田村善之, "特許法の先使用権に関する一考察(1)―制度趣旨に鑑みた要件論の展開", 『知的財産法政策学研究』, Vol.53(2019).

田村善之, "特許法の先使用権に関する一考察(2)―制度趣旨に鑑みた要件論の展開", 『知的財産法政策学研究』, Vol.54(2019).

特許第2委員会 第1小委員会, "先使用権に関する判例研究", 『知財管理』, Vol.51 No.9 (2001).

特許第2委員会 第1小委員会, "先使用権の判断動向と実務上の課題", 『知財管理』, Vol.69 No.11(2019).

前田健, "先使用権の成立要件―制度趣旨からの考察", 『特許研究』, No.68 (2019).

土肥一史, "特許法における先使用権制度", 『日本工業所有権法学年報』, 第26号 (2002).

鈴木英明, "先使用権制度の存在意義", 『知財ぷりずむ』, Vol.9 No.99 (2010).

鈴木英明, "先使用権制度における公平説再考", 『日本知財学会誌』, Vol.8 No.3 (2012).

宮前尚祐, "数値限定発明に対する先使用権を否定した事案", 『パテント』, Vol.72 No.3 (2019).

岡田誠, "知的財産高等裁判所平成30年4月4日判決(平成29年(ネ)10090号)数値限定発明に係る特許権と先使用権について", 『AIPPI』, Vol.64 No.5(2019).

田中康子, "最近の医薬品特許訴訟における注目論点", 『国際商事法務』, Vol.47 No.3 (2019).

重冨貴光, "先使用権の成立要件 「対象製品に具現された技術的思想」と「特許発明の技術的思想」の同一性", 『知財管理』, Vol.69 No.3(2019).

富岡健一, "先使用権に関する諸問題", 『日本工業所有権法学年報』, 第11号(1988).

富岡健一, "先使用権の要件と効果について", 『特許管理』, Vol.38 No.1 (1998).

佐藤祐介, "先使用権の成立要件である「事業の準備」", 『判例時報』, 1928号 (2006).

板井典子, "先使用権の要件である「事業の準備」の認定", 『パテント』, Vol.62 No.2 (2009).

松尾和子, "特許法79条の「事業の準備」の認定及び実施形式の変更と先使用の効力の及ぶ範囲", 『特許管理』, Vol.35 No.11(1985).

片山英二, 岡本尚美, "特許法79条の「事業の準備」に係る判断基準", 『知財管理』, Vol. 60 No.8(2010).

生田哲郎, 佐野辰巳, "先使用権の有無および特許権者等が特許発明ではない競合品を実施していた場合に特許法102条2項が適用された事例", 『発明』, Vol.107 No.2(2010).

原裕子, "数値限定発明について", 『知財管理』, Vol.58 No.11(2008).

樫出庄治, "後発品の製造承認申請のための試験は,特許法第69条第1項の「試験又は研究」に該当するか", 『AIPPI』, Vol.43 No.8(1998).

〈판례〉

最高裁, 昭和61年10月3日判決, 昭和61年(オ)454号

知財高裁, 平成30年4月4日判決, 平成29年(ネ)10090号

知財高裁, 平成24年7月18日判決, 平成24年(ネ)第10016号

東京地裁, 平成29年9月29日判決, 平成27年(ワ)30872号

東京地裁, 平成17年2月10日判決, 平成15年(ワ)19324号

東京地裁, 平成21年8月27日判決, 平成19年(ワ)3494号

〈기타 자료〉

生田哲郎, 高橋淳, "数値限定発明において均等侵害が否定された事件", 『発明』, Vol.101 No.8(2004).

〈https://www.hanketsu.jiii.or.jp/hanketsu/jsp/hatumeisi/news/200408news.html〉 검색일: 2020.3.4.

▌ 찾아보기 ▌

▍저자 약력

신상훈(申尙勳)

1995년 광운대학교 전자재료공학과 학사
1997년 카이스트 재료공학과 석사
2001년 카이스트 재료공학과 박사

2001년-2005년 삼성SDI 중앙연구소 전자재료개발팀 책임연구원
2005년-현재 특허청 공업사무관 · 특허심사관
2014년-2016년 일본 CBC 외어비즈니스 전문학교 일본어학과
2018년-2020년 도쿄대학교 첨단과학기술연구센터 지재권분야 연수

공학논문 SCI 10편
등록특허 국내 4건, 미국 3건 외

자격증: 변리사, 행정사, 기술거래사, JLPT N1

제4차 산업혁명시대를 위한 특허이론 재구축

-

초판 인쇄 2020년 8월 28일
초판 발행 2020년 9월 4일

-

지은이 신상훈
펴낸이 이방원

-

펴낸곳 세창출판사

　　　신고번호 제300-1990-63호

　　　주소 03735 서울시 서대문구 경기대로 88 냉천빌딩 4층

　　　전화 02-723-8660　　팩스 02-720-4579

　　　이메일 edit@sechangpub.co.kr　　홈페이지 www.sechangpub.co.kr

-

ISBN 978-89-8411-971-0 93360

이 도서의 국립중앙도서관 출판시도서목록(CIP)은 서지정보유통지원시스템 홈페이지(https://seoji.
nl.go.kr)와 국가자료공동목록시스템(https://www.nl.go.kr)에서 이용하실 수 있습니다.
(CIP제어번호: CIP2020034922)